짠짜니네
아이주도 이유식

　책을 집필하면서 지안이가 처음 이유식 먹던 날의 영상을 돌려봤어요. 엄마가 처음으로 해준 미음을 먹으면서 이렇게 맛없는 건 왜 주는 거냐는 듯한 얼굴로 인상을 찌푸리더라고요.

　사실 지안이는 조리원에서부터 분유도 잘 먹고 모유도 잘 먹는 먹성이 좋은 아기였어요. 심지어 조리원에서 가장 통통한 아가로 퇴소를 했었죠. 그래서인지 지안이에게 처음 이유식을 제공할 때 기대감과 설레는 마음이 굉장히 컸어요. 제가 만든 음식은 척척 받아먹어줄 거라고 굳게 믿었거든요. 하지만 생각했던 것과 달리 지안이는 제 음식을 맛있게 먹어주질 않았습니다.

　처음에는 새로운 음식이 낯설어서 그런가 싶어 의지를 가지고 매번 다양한 음식을 제공했어요. 하지만 의자에 앉히기만 하면 짜증 내면서 울고, 열심히 요리해서 기쁜 마음으로 만들어 낸 음식을 밀어내기만 하는 아이를 바라보다 보니 저도 모르게 같이 짜증을 내고 있더라고요.

　그 순간 '아차!' 싶으면서 이유식에 대한 마음가짐을 바꿔야겠다고 다짐했습니다. 얼마나 많이 먹고, 얼마나 잘 먹는지에 대한 스트레스를 받지 않으려면 좋은 식사 시

간에 대한 기준을 먹는 '양'으로 두면 안 된다는 생각이 들었어요. 아이도, 나도 즐거울 수 있도록 '다양한 음식을 접할 수 있는 기회'를 제공하는 게 기준이 되어야만 했죠.

이 책은 이유식을 시작하며 많은 고민을 하고 '어떻게 하면 아이와 엄마 모두 행복한 식사 시간이 될 수 있을까?' 하는 마음으로 공부하면서 준비했던 레시피들을 담아냈습니다.

아이가 눈앞에 놓인 음식을 탐색하고, 엄마가 제공해주는 음식을 통해 새로운 세상을 알아가고 좋아하는 음식이 생겨 행복해하는 아이 모습을 바라보면 내가 이 아이와 세상을 연결해주는 통로 같다는 생각이 들더라고요. 그때 엄마라는 존재에 큰 가치를 느꼈습니다.

그래서 제가 느꼈던 벅찬 감정을 같이 공유하고 싶은 마음으로, 그리고 저와 같은 초보 부모들에게 이유식을 준비하는 과정을 조금이나마 쉽고 즐겁게 만들어 주고 싶다는 마음을 담아 레시피를 작성했습니다.

제가 가장 중요하게 생각했던 점은 매 순간 엄마가 만들기 편해야 한다는 점이였어요. 아무리 맛있는 요리라도 레시피가 너무 길고 어려우면 저조차도 따라서 만들어 볼 엄두가 나질 않더라고요. 사실 아이를 키우다 보면 내 아이에게 만큼은 제일 좋은 재료로 손수 다 만들어주고 싶지만, 시간적으로나 체력적으로 쉽지 않잖아요? 그래서 최대한 좋은 재료로, 건강하게 만들어진 제품들을 활용해서 손쉽게 뚝딱 만들어줄 수 있는 레시피로 가득 채웠습니다.

지안이 식사를 준비하며 항상 느끼는 점이 하나 있어요. 아기에게 제공할 음식을 준비하는 건 엄마의 몫이지만, 어떤 음식을 얼마나 먹을지 결정하는 건 아기의 몫이라는 겁니다.

지안이도 항상 뭐든지 잘 먹고 많이 먹는 아기는 아니에요. 어떤 날은 밥만 먹고 식사를 마칠 때도 있고 또 어느 날은 반찬만 먹을 때도 많아요. 특히 자기가 원하는 식감이나 맛이 아닐 때는 얼마나 싫어하는지 구역질까지 하면서 뱉어내더라고요. 초반에는 제가 열심히 해준 음식을 장난감 다루듯 가지고 놀기만 하고, 먹는 것도 없는 것 같아서 걱정이 되던 순간들이 많았어요.

하지만 한 가지 명확하게 말씀드릴 수 있는 것은 아이는 분명 점점 나아지고 있다는 것이에요. 아이 스스로 원하는 식감, 맛, 형태, 재료 등을 탐구해 가면서 음식이라는 새로운 세상과 천천히 친해지고 있는 게 눈에 보이더라고요.

혹시나 이유식을 진행하며 아기가 조금 먹고 잘 안 먹는 게 나의 잘못은 아닐까 하는 생각을 하지 않으셨으면 좋겠습니다. 제가 그동안 이유식을 만들어 제공하면서 가진 생각은 우리가 아이에게 해 줄 수 있는 최선은 '모든 음식이 처음인 이 아이에게 먹

는 즐거움 알려주기'라는 것이에요. 그리고 그렇게 최선을 다해 아이에게 방향을 제시했다면 아이도 엄마, 아빠의 마음을 알아주고 조금씩 따라와 줄 거라고 믿어요.

《짠짜니네 아이주도 이유식》이 이유식을 어떻게 시작해야 하는지 고민을 하고 있는 부모님들에게 조금이나마 새로운 방향을 알려드릴 수 있는 등대 같은 책이 되었으면 좋겠습니다.

우리 모두 알고 있잖아요? 아기는 반드시 우리의 생각대로 따라오지 않는다는 것을요. 그러니 우리 모두 아기 식사에 대한 부담감을 내려놓고 스트레스 덜 받는 육아를 하셨으면 좋겠습니다.

마지막으로 책을 집필하면서 항상 옆에서 힘이 되어준 우리 가족, 마지막까지 함께 힘내서 열심히 도와주신 출판사 편집부, 사진 찍으랴 지안이 봐주랴 고생하신 아버지께 감사 인사드립니다.

— **짠짜니맘** 이율미

차례

저자의 인사말 / 4

1장
CHECK POINT 아이주도 이유식 상식 ··· 12

- 01 아이주도 이유식이란 무엇일까? ··· 12
- 02 아이주도 이유식, 언제 시작할까? ··· 13
- 03 아이주도 이유식의 장점과 단점 ··· 15
- 04 아이주도 이유식 주의 사항 ··· 22
- \+ 짠짜니맘의 아이주도 이유식 Q&A ··· 25

2장
BASIC 아이주도 이유식 기본 준비 ··· 33

- 01 아이 영양, 어떻게 채워야 할까? ··· 34
- 02 얼마나 먹여야 할까? ··· 38
- 03 무엇을 먹여야 할까? ··· 42
- 04 우리 아이를 위한 제철 식재료 ··· 44
- 05 요리할 때 꼭 필요한 조리도구 ··· 46
- 06 요리가 더욱 쉬워지는 시판 재료 ··· 49
- \+ 활용 만점 향신료 가루 레시피 ··· 54

3장   BASIC SAUCE 감칠맛을 더해줄 **기본 소스** ···· 61

4장   FINGER FOOD 한 손에 딱! **핑거 푸드** ···· 87

5장   NOODLE 속이 든든! **국수** ···· 155

6장   RISOTTO & SOUP 영양 만점 **죽과 수프** ···· 190

7장   DESSERT 부족한 영양을 채워줄 **간식** ···· 237

1장
CHECK POINT
아이주도 이유식 상식

01
아이주도 이유식이란 무엇일까?

　오랜 기간 엄마 뱃속에서 웅크리고 있던 아이는 세상에 한 발을 내디딘 후 제일 처음 모유 또는 분유로 영양소를 섭취합니다. 그러다 일정 기간이 지나면 모유와 분유에서 벗어나 이유식을 통해 서서히 여러 음식들을 만나게 되죠. 이때를 우리는 '이유기'라고 부릅니다.

　이 시기에 이유식을 먹이는 가장 흔한 방식으로는 '스푼 피딩 spoon feeding'이 있습니다. 이름에서 알 수 있듯이 죽이나 퓨레 형태의 아주 부드러운 음식을 부모가 숟가락으로 떠서 아이에게 직접 먹여주는 것을 의미해요. 이와는 반대로 고형식 음식을 아이 스스로 주도성을 가지고 먹는 방식이 있는데, 이를 '셀프 피딩 self feeding'이라고 말하지요.

　'아이주도 이유식 Baby-Led Weaning'은 이러한 셀프 피딩의 일종이라고 할 수 있습니다. 눈앞에 있는 음식을 만져보고 관찰하며 자신의 식사 속도에 맞춰 무엇을, 어떻게, 얼마나 먹을지 스스로 결정하는 것이 가장 큰 특징입니다. 이 과정에서 아이는 음식을 손으로 주무르기도 하고, 바닥에 내던지기도 하고, 또 입에 가져가며 여유롭게 식사를 즐길 수 있습니다.

　이때 부모는 그저 아이가 보다 더 즐겁고 안전하게 먹을 수 있는 음식을 준비해주면 됩니다. 그리고 아이가 스스로 먹는 법을 터득하고 이런저런 음식들을 탐구하는 동안 아이를 세심하게 관찰하며 식사량과 식사 습관, 음식 취향을 체크합니다.

　아이가 직접 음식을 먹기 때문에 식사 시간은 조금 길어질 수 있지만, 자신이 좋아하는 걸 직접 선택해 먹음으로써 먹는 것에 대한 스트레스는 현저히 줄어들고 음식에

대한 호기심과 욕구를 늘릴 수 있어 아이주도 이유식에 대한 부모들의 관심이 점점 높아지고 있는 추세입니다.

02 아이주도 이유식, 언제 시작할까?

일반적으로 만 6개월 정도 되면 초기 이유식을 시작할 수 있다고 판단합니다. 이 시기부터 소화 효소가 분비되어 쓴맛과 신맛을 구분할 수 있고, 맛에 대한 호기심이 증폭되기 때문에 비교적 자연스럽게 모유와 분유를 끊고 이유식으로 돌입할 수 있거든요.

아이주도 이유식 또한 만 6개월 정도부터 시작하는 것을 권장합니다. 이때쯤 되면 아이가 어느 정도 몸을 가눌 수 있는 상태가 되고 손을 사용해 무언가를 집을 수 있는 힘이 생기기 때문이죠.

이 시기에 아이주도 이유식을 하면 좋은 이유가 또 하나 있습니다. 바로 생후 6개월부터 '구강기'에 접어들기 때문이에요. '구강기'란 이름 그대로 입과 입술, 혀, 그리고 잇몸 등과 같은 구강 주변에서 자극을 느끼는 시기를 말합니다. 이렇게 받은 자극으로 에너지가 방출되고, 알게 모르게 쌓여있던 긴장과 스트레스를 해소할 수 있습니다. 그래서 아이들이 눈에 보이는 모든 것들을 본능적으로 입에 가져가려고 하는 것이죠. 이때 아이주도 이유식을 한다면 구강기 아이들의 본능을 충족시킴과 더불어 자연스럽게 여러 식재료를 탐구하며 음식에 대한 거부감을 줄일 수 있습니다.

그러나 모든 아이가 같은 성장 발달을 보이는 것은 아니지요. 그렇기 때문에 꼭

만 6개월에 아이주도 이유식을 시작할 필요는 없어요. 조금 빨리 시작해도 되고, 조금 늦게 시작해도 괜찮습니다. 우리 아이의 현재 상태를 꼼꼼하게 확인한 뒤 이유식에 도전해 보는 것이 좋습니다.

 다만, 적어도 만 4개월은 넘어야 한다는 점을 기억하세요. 이 시기의 아이들은 아직 소화 기능이 제대로 발달하지 않아 이유식의 성분을 모두 흡수할 수 없습니다. 게다가 단백질 성분은 완전히 분해하지 못하는데, 이로 인해 자칫 각종 알레르기가 발생할 수 있어요. 그러니 최소 만 4개월이 지난 후에 이유식을 시작하도록 합시다.

03 아이주도 이유식의 장점과 단점

긍정적인 면이 돋보이는 아이주도 이유식도 분명 장점과 단점이 존재합니다. 어떤 것이 좋고, 어떤 점을 주의해야 하는지 제대로 알아야 우리 아이에게 보다 안전하고 건강하게 이유식을 먹일 수 있지요. 부모라면 꼭 알아야 하는 아이주도 이유식의 장점과 단점을 지금 공개합니다!

아이주도 이유식 장점

◆ **음식에 대한 거부감을 줄일 수 있어요!**

일반적으로 아이의 성장에 따라 이유기를 초기, 중기, 후기, 완료기 등으로 나눕니다. 그리고 정해진 시기에 맞춰 이유식의 재질과 형식을 바꾼 후 아이에게 제공하죠. 하지만 이러한 일정에 맞추다보면 초보 엄마들은 가끔 당혹스러운 상황을 마주하곤 합니다. 바로 아이가 이유식을 거부하는 현상이지요.

아이들마다 음식 취향이 다를 뿐만 아니라 타고난 기질과 성격, 발달 속도도 제각각입니다. 어떤 아이는 미음이나 퓌레 형식의 이유식을 좋아할 수도 있지만, 또 어떤 아이에게는 부드러운 식감의 음식이 불편하게 느껴질 수도 있어요. 이처럼 취향도, 성격도 모두 다른 아이를 정해진 형식에 억지로 맞추려고 한다면 아이는 음식에 대한 거부감이 생길 수도 있어요.

아이주도 이유식은 오로지 아이의 선택에 따라 식사 시간이 진행되기 때문에 먹는 것에 대한 스트레스를 현저히 줄일 수 있습니다. 스스로 직접 음식을 만져보고 맛보며 식사 시간을 즐기기 때문이죠. 또 다른 세상을 탐구하는 장난감처럼, 마치 촉감놀이 하듯이 온몸으로 느끼며 밥을 먹을 수 있다는 점도 아이에게 큰 즐거움으로 다가옵니다.

그렇게 여러 가지 음식을 앞에 두고 탐구하다보면 음식에 대한 호기심도 생기기 마련입니다. 아이는 망설임 없이 스스로 음식을 입에 가져다 댈 것이고, 그렇게 자연스럽게 음식에 대한 거부감을 차차 줄일 수 있어요. 여기서 중요한 것은 아이가 음식을 탐색할 수 있도록 충분히 시간을 줘야 한다는 것! 이 점을 잊지 마세요.

◆ 재료 본연의 맛을 알 수 있어요!

처음 아이주도 이유식을 시작할 때 스틱 형태의 음식을 많이 제공합니다. 야채 스틱이 바로 대표적인 예라고 볼 수 있겠어요. 특별한 조리 없이 재료의 순수한 상태 그대로 제공하기 때문에 아이가 재료 본연의 맛을 경험할 수 있어 좋습니다. 각 재료가 가진 고유한 맛과 형태, 향기와 색감 같은 특징이 뚜렷하게 나타나기 때문이죠. 식재료와 친해지니 아주 어릴 때부터 편식하지 않는 올바른 식습관을 잡을 수 있는 확률이 높아져요. 또한, 아기가 주변 사물에 대한 인식으로 확장 시킬 수 있으며 유아식으로 연계할 때 낯선 음식 속에 있는 친숙한 식재료를 발견하면서 음식에 대한 거부감을 줄일 수 있어요.

◆ 소근육 발달에도 도움이 돼요!

영유아 시기에 중요한 부분 중 하나가 바로 소근육을 발달시키는 것입니다. 이를 위해 엄마들은 여러 교구를 활용해 아이들의 소근육을 키우려고 하죠. 아이주도 이유식은 자연스럽게 먹으면서 소근육을 발달시킬 수 있습니다.

이유식으로 고체 음식을 처음 접하는 아기들은 자연스럽게 손과 입의 조합을 통해 먹는 방법을 배우게 되는데, 이러한 먹는 행동은 아기가 손가락을 사용하여 음식을 잡

고 쥐는 힘을 조절해야 하기 때문에 손의 미세한 근육을 발달시키는 데 도움을 줘요.

또한, 아이주도 이유식으로 음식을 먹을 때 아기들은 손과 눈의 협응을 통해 음식을 먹는 방법을 배우게 됩니다. 이러한 협응 능력은 아기에게 꽤나 어려운 도전 과제가 될 거예요. 하지만 계속해서 연습하다보면 좀 더 정교하게 손을 움직일 수 있게 됩니다.

그리고 아기들은 입과 얼굴 근육을 사용하여 음식을 물어뜯고, 씹고, 삼키게 되는데, 이러한 행동은 입과 얼굴 근육을 발달시키는 데 도움을 줍니다.

◆ 성취감을 느낄 수 있어요!

아이주도 이유식은 아기들이 스스로 음식을 다루고 먹는 자립적인 행동을 배우는 과정입니다. 이런 자립적인 행동을 할 때 아기들은 스스로 할 수 있다는 자신감을 얻고 성취감을 느낄 수 있어요. 또한 아기들에게 자기 통제와 더불어 자유로움을 경험시켜 주죠. 스스로 음식을 고르고 먹는 것은 아기들에게 자기 결정을 내리는 기회를 제공하고, 이러한 자유로움은 성취감과 만족감을 촉진합니다.

이렇게 얻은 성취감은 아기의 자아 개발과 신뢰감 형성에 중요한 영향을 미치는 요소 중 하나예요. 이런 경험이 쌓이다 보면 나중에는 부모가 먹여주려고 해도 싫다고 도리질을 치며 스스로 먹겠다고 주장하기도 해요. 앞으로의 인생에서 주도적인 삶을 살아가는 건강한 아이로 자라날 수 있어요.

◆ 부모와 아이가 함께 식사 시간을 즐겨요!

아이가 밥을 먹는 동안 부모도 식사를 할 수 있어 더욱 좋습니다. 스푼 피딩의 경우 부모가 일일이 음식을 숟가락으로 떠서 아이에게 먹이느라 정작 본인 밥은 뒷전으로 할 때가 많죠. 하지만 아이주도 이유식은 아이가 식사를 즐기는 동안 부모도 한결 여유롭게 밥을 먹으면서 아이를 관찰할 수 있어요.

아이는 물론 부모까지 먹는 것에 대한 스트레스가 줄어드니 식사 시간이 더욱 더 즐겁고 기다려질 것이 분명합니다.

◆ 아이의 성향에 대해 자세히 알 수 있어요!

아이주도 이유식을 진행할 때 부모의 역할은 아이가 안전하게 음식을 섭취하고 있는지 면밀히 관찰하는 것입니다. 이 과정에서 시시때때로 변화하는 아이의 행동을 빠르게 캐치할 수 있어요. 어떤 음식을 좋아하고 싫어하는지, 무언가를 먹고 싶을 땐 어떤 행동을 하는지, 배부를 땐 어떤 신호를 보내는지 등을 말이죠! 그렇게 알게 된 아이의 정보를 바탕으로 아이가 즐겁게 먹을 수 있는 음식을 제공하기도 하고 또 아이가 좋아하지 않는 음식에 다시 한 번 도전해 가면서 아이의 식습관까지 건강하게 기를 수 있어 좋아요.

이처럼 아이주도 이유식은 아이들이 자연스럽게 다양한 맛을 경험하도록 유도해요. 이로 인해 아이들은 스스로 자신의 입맛과 식품 취향을 발견하고, 좋아하는 음식에 대해 더 잘 알게 됩니다. 이런 아이의 모습을 보면서 양육자도 아이가 선호하는 음식을 쉽게 알아차릴 수 있어요.

이렇게 손으로 음식을 다루고 먹는 것을 경험하면서 아기들은 직접적으로 음식과 연결되는 경험을 하게 되는데, 이를 통해 본인이 좋아하는 음식과 함께 더욱 행복하게 먹는 방법을 스스로 발견하고 학습할 수 있어요.

아이주도 이유식 단점

◆ **엄마가 직접 음식을 만들어 줘야 해요!**

요즘 시중에 편리하면서도 맛과 영양까지 꽉 잡은 이유식 제품이 많이 나와 있어요. 이들은 바쁜 엄마들에게 때로는 든든한 지원군이 되고는 합니다. 하지만 이러한 시판 이유식은 기존의 유아식 법칙에 따라 초기, 중기, 후기, 완료기 등으로 구분해 제품을 만듭니다. 그래서 초기와 중기 제품은 대부분 죽이나 퓌레 형식인 경우가 많죠.

아이주도 이유식은 앞에서 설명한 바와 같이 주로 고체 형태의 음식을 아이에게 제공하는 것이 특징입니다. 사정상 시판 이유식과 맞지 않아 엄마가 직접 아이가 먹을 음식을 준비해야 하니 조금은 번거롭고 귀찮을 수 있어요.

그러나 이 책에서는 바쁜 엄마들도 쉽고 효율적으로 만들 수 있는 아이주도 이유식 레시피를 알려드립니다. 시판 제품도 활용하고, 재료 손질과 조리 과정을 최소화하여 효율성을 높였어요. 아이주도 이유식에 도전하는 데 너무 부담 갖지 않았으면 좋겠어요!

◆ **주변 정리가 어려워요!**

아이가 스스로 음식을 선택해 먹는다는 게 가장 큰 장점이지만, 또 이러한 점이 단점이 되는 아이주도 이유식이에요. 아직 손을 제대로 컨트롤하지 못하는 아이들은 쥐고 있던 음식을 놓치기 십상이고, 제대로 쥐었다고 하더라도 음식을 던지거나 몸이나 그릇, 식탁 위에 비비는 행위를 할 때도 많거든요. 실제로 국수를 하나 먹으려고 하면 주변은 물론 온몸에 국수 면발이 더덕더덕 붙어있는 모습을 확인할 수 있습니다.

아이주도 이유식을 하면서 아이가 놀듯이 음식에 친해지는 것은 매우 좋은 일이지만, 뒤처리를 해야 하는 부모 입장에서는 마냥 웃을 수 없는 노릇이지요.

그러니 밥을 먹일 때 아끼는 옷, 새 옷을 입히는 것은 NG! 세탁해야 하는 것을 고려

하여 되도록 더러워져도 되는 옷을 입혀두는 것이 좋고, 이불이나 카페트가 깔린 곳이 아닌 맨바닥이 있는 장소에서 먹이는 것을 추천합니다.

◆ 식사 시간이 길어져요!

아이주도 이유식을 하다보면 식사 시간은 필연적으로 길어질 수밖에 없을 겁니다. 음식을 선택해 집는 것도, 입에 가져가는 것도, 입에 들어간 음식을 씹고 넘기는 것도 모두 부모 도움 없이 아이 혼자서 해야 하는 일이니까요. 그런 모습을 가만히 지켜보는 게 때로는 답답할 지도 모르겠습니다.

하지만 그렇다고 해서 섣불리 나서서 아이의 식사를 방해한다면 아이주도 이유식의 의미가 사라지고 말거예요. 어느 정도 스스로 먹는 것에 익숙해지면 시간은 단축되기 마련입니다. 아이가 혼자서도 해낼 수 있도록 조금만 마음의 여유를 가지고 지켜봐주세요.

◆ 질식에 대한 위험이 존재해요!

아이주도 이유식을 할 때 가장 조심해야 하는 것이 바로 '질식'이에요. 죽이나 퓌레 같은 고운 형질의 음식이 아닌 고체 형식의 음식을 제공하는 만큼 아이가 이를 잘 먹는지 매번 체크해야 합니다.

사실 아이주도 이유식을 처음 시도할 때쯤에는 치아가 자라지 않은 상태이기 때문에 아이가 음식물을 씹어 넘길 수가 없죠. 그런 아이를 위한다고 음식을 잘게 잘라서 제공하면 오히려 식도에 걸려 질식 위험이 높아질 수 있습니다. 차라리 아이가 한 손으로 꽉 잡을 수 있도록 크게 잘라서 제공하는 것이 좋아요. 그러면 아이는 그 음식을 잡고 쪽쪽 빨면서 영양분을 섭취할 것입니다. 그럼에도 마음이 놓이지 않는다면 '영유아 하임리히법'에 대해 숙지해 두는 것이 좋습니다.

영유아 하임리히법이란?

음식물을 먹다가 목에 걸렸을 때 신속하고 안전하게 사용할 수 있는 대처법이 바로 '하임리히법Heimlich maneuver'입니다. 미국의 흉부외과 전문의 헨리 하인리히 박사가 고안해낸 방법으로, 환자의 뒤에 서서 양팔로 배를 감싸 안은 후 위로 밀쳐 기도의 압력을 높여 목에 걸린 음식물 또는 이물질을 빼냅니다. 하지만 이는 의식이 있는 환자에게 사용해야 하며, 1세 미만 신생아에게 사용하기에는 적합하지 않습니다. 때문에 '영유아 하임리히법'을 따로 익히는 것이 좋습니다. 방법은 다음과 같습니다.

❶ 아이를 부드럽게 감싸 안은 채 한 손으로 아이의 턱을 잡고 다른 한 손으로는 뒤통수를 감쌉니다.

❷ 아이의 얼굴이 아래로 향하도록 허벅지 위에 엎드려 놓습니다.

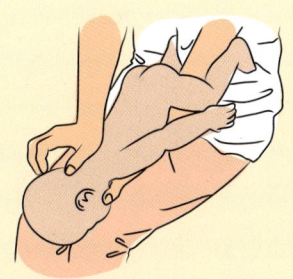

❸ 양쪽 날개뼈 가운데를 손바닥 아랫부분으로 5회 정도 세게 두드립니다. 이때, 너무 큰 힘을 주지 않도록 주의합니다.

❹ 아이의 턱과 뒤통수를 다시 손으로 감싼 뒤 들어 올리고 이번에는 아이의 얼굴이 천장을 향하도록 허벅지 위에 눕힙니다.

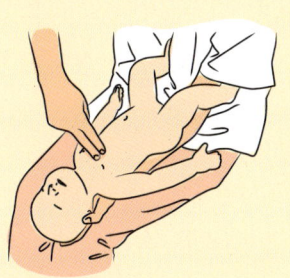

❺ 양쪽 젖꼭지를 기준으로 중앙에 위치한 부분을 두 손가락으로 빠르게 5회 눌러줍니다.

❻ 아이의 입을 열어 음식물이나 이물질이 나왔는지 확인한 후 나오지 않았으면 처음부터 다시 시작합니다.

⚠️ 하임리히법은 복부를 압박하는 방식이기 때문에 내부 장기를 손상할 위험이 있습니다. 특히, 영유아와 같은 어린 아이에게 사용할 때는 너무 강한 힘을 주어 사용하면 위험합니다. 반드시 정확한 위치에 적절한 압박을 줘야 한다는 걸 잊지 마세요!

04
아이주도 이유식 주의사항

'아는 것이 힘이다!'라는 말은 아이주도 이유식에도 해당됩니다. 우리 아이와 함께 보다 안전하고 건강한 아이주도 이유식을 시작하고 싶다면 주의사항을 반드시 숙지하는 것이 좋습니다.

◆ 스푼 피딩과 셀프 피딩을 병행해보세요!

처음부터 주어진 음식을 턱턱 잡고 먹는 아이가 몇이나 될까요? 아마 거의 없을 거라고 확신합니다. 아이가 스스로 음식을 집는 것에 익숙해지기 전까지는 스푼 피딩과 셀프 피딩을 병행하는 것도 좋습니다. 죽이나 퓌레 형태로 된 것을 먹이면서 아이 앞에 고체 형태의 음식도 함께 마련해주세요. 그럼 아이가 부모에게 이유식을 받아먹으면서 눈앞에 있는 음식에 관심을 보이기 시작할 거예요. 그럼 서서히 스푼 피딩의 비율을 줄이고 완전한 아이주도 이유식에 돌입하면 됩니다.

◆ 알레르기 테스트를 먼저 해보세요!

아이주도 이유식이 아니더라도 이유식에 돌입하려고 한다면 반드시 알레르기 테스트를 해야만 합니다. 보통 생후 6개월 이후부터 알레르기 검사가 가능하며 잡곡, 과일, 견과류, 달걀, 우유 등의 항목을 체크할 수 있어요. 검사 결과 알레르기가 없는 것으로 나오는 것이 가장 좋지만, 만약 어느 항목에서 알레르기 양성이 나온다면 그 항목에 해당하는 식재료는 피해서 이유식을 준비해야 합니다.

◆ 처음부터 너무 많은 양의 음식을 주지마세요!

처음 아이주도 이유식을 시작할 때 혹시나 부족할까봐 넉넉한 양의 음식을 아이에게 제공하는 경우가 더러 있습니다. 하지만 눈앞에 너무 많은 선택지가 있으면 아이는 오히려 당혹스러워합니다. 말 그대로 음식의 양에 압도되어서 뭘 골라야 할지 몰라 머뭇거리다가 겨우 하나만 선택한 후 나머지는 다 던져버리거나 아예 음식 자체를 외면할 때도 있지요. 이를 방지하기 위해 처음에는 적은 양부터 제공하는 것이 좋습니다. 아이가 충분히 살펴보고 손에 쥐어볼 수 있는 정도의 양을 주다가 음식에 익숙해지면 점점 더 양을 늘려보세요.

◆ 아이가 먹지 않는 음식이 있더라도 포기하지 마세요!

여러 음식을 접하다보면 아이의 호불호를 자연스럽게 알게 됩니다. 어떤 음식은 신이 나서 가져다 먹는데, 어떤 음식은 아예 쳐다보지도 않는 경우가 더러 있죠. 이처럼 아이가 좋아하지 않는 음식이 생긴다면, 포기하지 않고 계속 제공해주세요. 눈앞에 계속 노출하다보면 언젠가 스스로 집어 들고 먹을 때가 올 수 있거든요. 개월 수가 바뀌면서 맛에 대한 영역이 넓어지면 기존에 먹지 않던 걸 먹는 경우가 많으니까요.

실제로 아이들이 새로운 음식에 적응하고 익숙해지려면 보통 8번 정도 해당 음식을 만나야 한다고 합니다. 그러니 먹지 않더라도 지치지 말고 계속 음식을 내어보세요. 열 번 중 한 번 입에 넣으면 고마운 일이고, 끝끝내 먹지 않더라도 아이가 그 음식을 탐구한 것만으로도 의미가 있는 것이니까요.

여기서 중요한 건 그 음식을 숨기지 않고 그대로 노출해야 한다는 점입니다. 간혹 아이가 먹지 않는 식재료를 다른 것과 섞어서 몰래 제공해 보려는 부모가 있는데, 그러다 아이가 눈치를 채게 되면 오히려 그 음식에 대한 불호가 더 강해질 수 있어요. 아이주도 이유식의 가장 큰 목적은 아이가 스스로 음식을 택해 먹는 것입니다. 이를 잊지 말고 아이가 직접 선택해서 맛볼 수 있도록 해주세요.

◆ **남은 음식에 미련을 두지 마세요!**

아이주도 이유식을 하다 보면 아이가 다 먹지도 않고 그만 먹고 싶다는 표현을 할 때가 있어요. 그럼 부모들은 남은 음식을 어떻게 해서든 더 먹이려고 애를 쓰는데, 이는 오히려 아이에게 음식에 대한 거부감을 불러올 수 있습니다. 아이에게 제공한 음식이 조금 남았더라도 미련을 두지 않고 바로 그릇을 치우세요. 일반적으로 세 끼 모두 챙김과 동시에 중간에 간식을 보충하여 먹이기 때문에 한 끼 정도 부실하게 먹었다고 해서 아이에게 큰 무리가 가지는 않으니까요. 식사가 조금 부족했다면 간식을 조금 더 먹이는 것으로 대처하면 좋습니다.

짠자니맘의 아이주도 이유식
Q & A

Q. 아이주도 이유식을 시작하게 된 계기는 무엇인가요?

아이가 죽이나 퓨레 같은 부드러운 이유식에 대한 거부감이 매우 심한 편이었어요. 초기 이유식 시절부터 그랬죠. 사실 이때까지만 하더라도 크게 걱정하진 않았어요. 워낙 분유를 잘 먹던 아이라서 나중에 때 되면 다 먹을 거라고 마음 편하게 생각했거든요.

그런데 초기 이유식을 넘어 중기 이유식으로 넘어가야 하는데도 제대로 먹지를 않으니 답답해지기 시작했어요. 보통 이유식 중기로 들어서면 모유 또는 분유의 양을 현저하게 줄이고 대신 이유식으로 배를 채워야 하거든요. 근데 아무리 노력해도 먹는 양이 늘어나질 않았죠. 한 끼에 많이 먹어도 30㎖가 전부였을 정도로요. 옆집 애는 150㎖도 먹는다는데, 우리 애는 거기에 5분의 1도 먹질 않으니 점점 초조해졌어요. 사실 제가 죽을 싫어하는데, 그런 취향까지 닮은 건가 싶어서 스스로를 탓하기도 했죠.

도저히 안 되겠다 싶어서 이유식에 대해 처음부터 다시 공부하기 시작했고, 그러다가 아이주도 이유식에 대해 알게 되었습니다. 기존의 스푼 피딩 방식과 달리 고체 형태의 음식을 제공해 아이 스스로 먹을 수 있도록 한다는 점이 흥미로웠어요. 이 방식이라면 죽이나 퓨레를 싫어하는 우리 아이도 밥을 잘 먹을 수 있을 것 같았죠. 그리고 다행히도 제 예상이 맞았어요.

Q. 아이주도 이유식을 시작하니 밥을 잘 먹던가요?

놀랍게도 정말 그랬어요. 알고 보니 우리 아이는 뭐든지 스스로 하고 싶어 하는 경향을 지니고 있었더라고요. 같은 죽이라도 남이 떠먹여 주는 것은 절대 먹지 않고 자신이 직접 숟가락을 잡고 먹고 싶어 했어요. 그 손짓이 서툴러서 "안 돼!"라고 말하며 숟가락을 뺏으려고 하면 그때부터 성을 낼 정도였죠.

그런 아이다 보니까 아이주도 이유식이 잘 맞을 수밖에 없더라고요. 눈앞에 음식들을 놓아주고 직접 먹으라고 하니 신이 나서 손을 뻗었어요. 이것저것 만져보고 관찰하고 맛을 보다 보니 먹는 양도 점점 늘기 시작했어요. 정말 다행이었죠.

Q. 지안이 외에도 죽 이유식을 거부하는 아이가 생각보다 많다고 들었어요.

흔히들 부드러운 식감의 음식을 아이들이 좋아할 거라고 생각하지만, 죽이나 퓌레, 진밥 같이 무른 식감을 낯설어 하는 아이들이 생각보다 많아요. 실제로 제 인스타그램으로 아이가 이유식을 먹지 않아 고민이라는 쪽지가 엄청 많이 온답니다.

아이가 부드러운 식감의 이유식을 거부하는 이유는 여러 가지예요. 아직 목 넘김이 익숙하지 않은 터라 비교적 끈적한 죽이나 퓌레를 삼키는 걸 어려워할 수 있고, 단순히 취향에 맞지 않을 수도 있지요. 그러니 스푼 피딩과 셀프 피딩을 동시에 진행해 보세요. 그리고 우리 아이에게 어떤 방식이 더 맞을지 면밀히 관찰해 보는 것이 좋습니다.

Q. 아이주도 이유식을 진행하면서 어려운 점은 없었나요?

앞서 설명했듯이 우리 아이의 성향에는 아이주도 이유식이 그야말로 찰떡이었어요. 호기심이 많고 자립심이 강한 편이라 스스로 음식을 집어 먹는 것에 주저하지 않았죠. 하지만 아이주도 이유식 단점이 저한테도 그대로 나타났답니다. 우선 아이가 먹고 난 후의 자리를 치우는 것이 꽤 골치 아팠고, 매번 밥을 먹은 다음에 입고 있던 옷을 세

탁해야 하는 게 여간 귀찮은 일이 아니었죠. 그것 외에는 어려운 점은 없었어요.

Q. 이유식을 만들 때 부모들의 가장 큰 고민이 '간'이라고 들었어요. 이 부분에 대해서 고민해 보신 적이 있나요?

그럼요. 당연히 있죠. 아이가 먹을 음식이라서 간이 너무 세면 안 되는데, 또 너무 싱거우면 아이가 맛없다고 먹지를 않으니 어느 지점에 맞춰 요리를 해야 할지 고민했던 적이 있죠.

일단 저는 무염식과 저염식을 함께 병행하고 있어요. 아이주도 이유식의 장점이 아이 스스로 음식을 탐구하면서 재료 본연의 맛을 느끼게 하는 것이잖아요? 이 취지에 어긋나면 안 된다고 생각했어요. 하지만 그렇다고 아예 아무런 맛을 더하지 않으면 아이가 먹지 않을 수 있으니 소금 대신 향신료를 활용해 음식에 향을 더했어요.

Q. 향신료요? 아이들 음식에도 향신료를 넣나요?

그럼요. 조금 싱거운 음식에 여러 가지 향신료가 들어가면 어른들도 그게 싱겁다는 사실을 인지하지 못하고 먹을 때가 있잖아요? 아이들도 마찬가지랍니다. 그렇다고 일반 성인이 먹는 강렬한 향신료를 사용하는 건 아니에요. 마늘 가루나 양파 가루, 멸치 다시마 가루 등과 같은 것들을 활용하죠. 직접 만들어서 써도 좋고, 시중에 판매된 제품으로 도전해 봐도 좋습니다.

다만, 이런 향신료를 사용하기 전에 반드시 알레르기 검사를 먼저 해봐야 해요. 우리 아이에게 어떤 알레르기가 있는지 확인하고 몸에 안전한 향신료를 선택해 사용해야 합니다.

Q. 향신료를 넣는 것과 더불어 또 다른 노하우가 혹시 있을까요?

조리법을 다르게 적용하는 것을 추천합니다. 쉽게 말해 식감의 변화를 주는 것이죠. 익히지 않고 생으로 주기도 하고, 때로는 삶거나 구워보는 것도 좋습니다. 아니면 허브를 이용하는 것도 좋은 방법이에요. 프랑스에서는 이유식을 만들 때 허브를 첨가해 향을 입혀서 아이들에게 제공한다고 해요. 허브 특유의 은은한 향이 새로운 맛으로 느껴져서 간을 하지 않아도 아이들이 맛있게 먹는다고 하더라고요. 이처럼 조리법을 살짝만 바꾸어도 아이에게 새로운 음식으로 인식될 수 있어요.

Q. 부전공으로 식품영양학을 공부한 걸로 알고 있습니다. 이유식을 만들 때 대학에서 공부한 것이 도움이 되었나요?

말씀하신 것처럼 주된 전공이 아닌 '부전공'이라서 많은 공부를 한 건 아니에요. 하지만 아이를 위한 식단을 짤 때 그때 배운 공부가 확실히 도움이 되긴 했어요. 식단 구성에서는 탄수화물, 단백질, 지방 등의 영양 밸런스가 매우 중요한데, 이 부분에 대해서 확실하게 알고 있기 때문이었죠. 예를 들어 보면 이런 거예요. A 식재료에 있는 영양소가 B 식재료에 있는 영양소의 흡수를 방해할 때가 있는데, 대부분 이 사실을 모르고 그냥 넘길 때가 많아요. 하지만 저는 대학 때 배운 것을 떠올리며 다른 식재료로 교체할 때가 종종 있었어요.

Q. 아이를 위한 식단을 짤 때 나만의 노하우가 있다면 무엇일까요?

식단에 한계를 두지 않아요. 예를 들어 탄수화물을 채워야 한다면 꼭 밥만 고집하지 않는다는 얘기입니다. 탄수화물이 왜 꼭 밥이어야만 할까요? 고구마도 있고, 감자도 있고, 오트밀, 퀴노아 등 아주 다양한 식품들이 있는데 말이에요.

간혹 애기가 밥을 먹지 않는다고 걱정하는 부모님들이 많아요. 그런데 자세히 살펴보면 빵도 잘 먹고, 국수도 잘 먹거든요. 다만 '쌀'만 먹지 않을 뿐이죠. '탄수화물 = 쌀'이라는 생각에 사로잡혀 식단에 한계를 두지 않았으면 좋겠어요. 빵이나 면, 고구마 같은 것이 아니더라도 요즘에는 쌀가루로 만든 쌀떡이나 쌀빵도 많으니까요.

하나의 영양소에서 다양한 식품을 찾아 제공한다면 아이도 더욱더 즐겁게 밥을 먹을 수 있을 겁니다.

Q. 이유식을 만들 때 영양학적으로 가장 신경 쓰는 부분이 있다면 무엇인가요?

철분 섭취를 가장 많이 신경 쓰는 편이에요. 생후 6개월이 지나면 모체에서 얻었던 철분이 사라져서 아이 스스로 철분을 생성해야 하거든요. 그렇기 때문에 철분 생성에 도움을 주는 소고기가 식단에 들어가는 것이 좋아요. 매번 소고기를 사주는 것이 부담된다면 비트나 오트밀에도 철분이 들어있으니 이 두 가지를 활용해 보는 것도 좋은 방법입니다.

Q. 이유식이나 유아식을 만들 때 따로 장을 보는 편인가요?

그렇진 않아요. 현실적으로 아이만을 위한 식재료만 따로 구매하는 게 어렵잖아요. 마트에 가서 다른 가족들을 위한 식재료를 구매하면서 그걸 활용해서 만드는 거죠. 겨울이 되어 고구마가 먹고 싶어지면 엄마, 아빠도 먹고 아이도 함께 먹어요. 여름에 수박을 먹을 때도 마찬가지죠. 식재료에 차이를 두지 않고 부모와 아이가 함께 먹는 편입니다.

그런 의미에서 아이주도 이유식이 정말 좋아요. 어른들 음식을 만들면서 아이를 위한 음식을 함께 만들 수 있거든요. 간을 하기 전에 아이가 먹을 것만 적당히 덜어 놓고 나머지는 어른들을 위해 간을 하면 끝이니까요. 식비도 절약됨과 동시에 시간도 아낄 수 있어서 그야말로 1석2조가 따로 없죠.

Q. 아이주도 이유식을 하다보면 아이가 음식을 제대로 씹어내지 못하고 빨기만 하더라고요. 이대로도 괜찮을까요?

가끔 이유식 단계인데 너무 고체 형태의 완성형 음식이 아니냐며, 이런 걸 아이에게 줘도 되냐고 묻는 분들도 종종 계세요. 덩어리가 큰데 괜히 잘못 삼키면 큰일 나는 거 아니냐, 반대로 씹지 못하고 빨기만 하는데 괜찮은 거냐는 질문도 들어오고요.

제가 드릴 수 있는 대답은 바로 '괜찮다'입니다. 오히려 고체 형태의 완성형 음식이라 아이 기도에 쉽게 넘어가지 않아 더 안전할 수 있거든요. 크기가 작으면 작을수록 아이의 좁은 기도로 넘어가 더 큰 일이 발생할 수도 있어요. 그리고 음식을 손에 잡고 쪽쪽 빨아대는 것만으로도 충분히 영양소를 섭취할 수 있으니 너무 걱정하지 마세요.

다만 한 가지 고려해야 할 점은 고체 형태의 완성형 음식을 제공할 때는 아이가 잇몸이나 혀로 눌러서 으깰 수 있을 정도로 충분히 무르게 만들어줘야 해요. 아이의 쥐는 힘에 부서지지 않을 정도로 단단하지만 잇몸이나 혀로 으깨면서 먹을 수 있는 적당한 질감으로 제공하는 게 중요합니다. 아이의 질식에 가장 큰 위험요인은 크고 무른 음식이 아닌, 작고 단단한 음식 이라는 점을 항상 유의하는 게 좋아요.

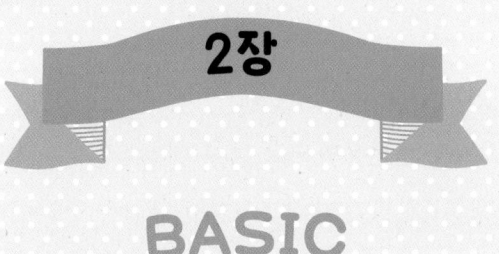

BASIC

아이주도 이유식
기본 준비

BASIC

01

아이 영양, 어떻게 채워야 할까?

신생아 시기에는 모유 또는 분유만으로 성장 발달에 필요한 영양소를 모두 공급받을 수 있어요. 하지만 생후 6개월이 지나면 모체에서 받은 영양소가 모두 고갈되고 모유나 분유만으로는 성장에 필요한 영양을 모두 채울 수 없게 됩니다. 때문에 다른 음식물을 통해 추가적으로 영양소를 공급받아야 합니다.

더군다나 유아기는 자고 나면 아이가 커져있다는 말이 있을 정도로 급격한 성장 발육을 하는 시기인 데다가 그와 함께 두뇌 발달이 매우 활발하게 이루어집니다. 활동량과 에너지 소모량도 본격적으로 늘어나기 때문에 그 어느 때보다 균형 잡힌 영양 섭취가 필요합니다.

아이의 성장에 도움이 되는 영양소는 크게 다섯 가지로 나눌 수 있습니다. 탄수화물, 단백질, 비타민, 무기질, 그리고 지방이 그것이죠. 이 다섯 가지 영양소를 매일 골고루 섭취해야 아이의 성장 발달에 도움을 줄 수 있어요.

탄수화물

인간이 살아가는 데 있어 필요한 에너지를 만드는 주 원료라고 할 수 있어요. 특히, 아이에게는 그 무엇보다 중요한 영양분이죠. 영유아 시기에는 에너지 총 사용량의 무려 60%를 두뇌에 이용하는데, 이때 탄수화물이 뇌에 필요한 에너지가 되어주기 때문이에요. 아이의 두뇌 발달을 위해서라도 충분히 탄수화물을 공급해줘야 합니다. 아이의 주식이 되는 밥이나 빵, 국수, 감자, 고구마 등에서 만나볼 수 있습니다.

단백질

　단백질 역시 아이 건강에 빼놓을 수 없는 영양소입니다. 성장 호르몬의 주성분이 되기도 하고, 뼈와 근육을 튼튼하게 만드는데 매우 중요한 역할을 하거든요. 게다가 완전 단백질의 경우 뇌신경 및 지능 발달에 필요한 11가지 필수아미노산이 포함되어 있어 아이가 꾸준히 섭취할 수 있도록 해야 합니다. 닭고기나 돼지고기, 소고기와 같은 재료도 좋고 생선이나 계란, 두부 등에서도 단백질을 얻을 수 있습니다.

비타민

　두뇌 기능을 원활하게 해주며 면역력 강화에도 도움이 되는 비타민은 성인들도 신경 써서 챙기는 영양소입니다. 이는 아이들도 마찬가지! 그 중 비타민C와 비타민D에 집중해야 해요.

　비타민C는 우리 몸의 세포와 뼈 성장과 재생에 아주 큰 역할을 합니다. 만약 비타민C가 부족하면 뼈 성장에 악영향을 미칠뿐더러 면역력까지 떨어져 독감과 같은 바이러스에 쉽게 노출될 수 있어요. 문제는 이러한 비타민C는 사람의 몸에서 합성되지 않는 다는 것! 때문에 끼니마다 다양한 야채와 과일을 제공해 아이에게 비타민C를 보충해 줘야만 합니다.

　비타민D 역시 비타민C와 마찬가지로 성장기 아이의 뼈를 튼튼하게 만드는 역할을 해요. 게다가 알레르기 질환과도 매우 밀접한 연관을 지니고 있죠. 만약 영유아기에 비타민D를 제대로 섭취하지 않으면 알레르기 질환 발생 확률이 높아지니 주의합니다.

무기질

　'무기질'이란 칼슘이나 인, 철, 요오드 등 생체 유지에 꼭 필요한 영양소를 뜻하는 말이에요. 아이 성장에도 이러한 무기질이 꼭 필요한데, 우리가 주목해야 할 것은 칼슘과 철분, 그리고 아연입니다.

골격 자체가 커지는 영유아기에는 성장을 위한 칼슘 필요량이 높을 수밖에 없습니다. 칼슘이 부족할 경우 최대 골밀도 형성이 저해될 수 있다고 합니다. 그러면 나중에 성인이 된 후 골 손실이 발생하는 시기가 더 빨라질 수 있다고 하니 우유나 요거트와 같은 유제품 또는 멸치, 치즈와 같은 식재료를 식단에 넣어 매일 적당량의 칼슘을 섭취할 수 있도록 해야 합니다.

그 다음 살펴볼 것은 바로 철분입니다. 일반적으로 아이는 뱃속에서 모체로부터 약 6개월가량의 철분을 받아서 태어납니다. 하지만 생후 6개월이 지나면 엄마로부터 받은 철분이 모두 고갈되어 별도의 음식을 통해 철분을 보충해야 합니다. 이유식이나 유아식에 철분이 많기로 유명한 소고기와 연어, 비트, 오트밀을 꼭 포함하는 이유죠.

마지막으로 아연은 성장 호르몬이 적절히 분비되도록 자극하는 역할을 해 아이 식단을 구성할 때 놓칠 수 없는 요소입니다. 그뿐만이 아니라 신체 조직 및 골격 생성에도 관여하고 면역력 향상에도 긍정적인 영향을 줍니다. 이런 아연은 체내 생성이 안 되어 반드시 아연이 많이 함유되어 있는 소고기, 새우, 통밀 등과 같은 음식을 통해 보충해야 합니다.

지방

지방은 탄수화물과 더불어 아이에게 중요한 에너지 공급원 역할을 해줘요. 게다가 적당량의 지방은 체온을 유지하고 장기를 보호하는 데 큰 도움이 됩니다. 탄수화물 그리고 단백질과 함께 필수 영양소로 손꼽히는 이유이지요. 아이의 성장 발달에도 도움이 될 수 있도록 양질의 지방을 섭취할 수 있게 해야 하는데, 치즈 또는 견과류 같은 식재료에서 단백질이 풍부한 지방을 만나볼 수 있습니다.

놓쳐서는 안 될 또 하나의 요소, 수분!

우리 몸의 약 75%를 차지하는 수분은 체내에서 여러 대사 물질을 운반하고 노폐물을 배설하는 역할을 해요. 또, 체온을 유지하는 데에도 큰 도움을 주죠. 때문에 아이 건강을 위해 체내 수분을 유지하는 게 매우 중요합니다.

그런데 유아기 아이들은 성인에 비해 피부와 호흡기를 통한 수분 손실이 많은 편이에요. 이로 인해 제대로 물을 마셔주지 않으면 쉽게 탈수 증상이 올 수 있어 물을 적당량 자주 먹이는 것이 좋습니다.

일반적으로 만 1~6세 하루 수분 권장량은 아이 몸무게 kg당 100㎖이며, 보통 하루 1100㎖ 이상의 물을 섭취하도록 하고 있습니다. 다만 한 번에 많은 양의 물을 마시면 신장과 심장에 무리가 갈 수 있으므로 70~100㎖ 정도씩 나눠 마실 수 있도록 하는 게 좋아요.

아이가 생수 마시는 것을 버거워할 경우 고소한 맛이 나는 유아용 보리차로 수분을 보충해 주는 방법도 있습니다.

02
얼마나 먹여야 할까?

　보통 이유식을 먹일 때 아이 개월 수에 따라 초기, 중기, 후기, 완료기 등으로 나눈 후 상황에 맞는 음식을 제공하고는 합니다. 이 과정에서 아이의 식사량 때문에 고민에 빠지는 분들도 분명 있을 겁니다. 각종 자료와 책에서는 아이의 개월 수에 맞춰 먹어야 하는 양이 정해져 있다고들 하는데, 우리 아이는 그만큼 먹지 않으니 애가 타고 답답할 수도 있어요. 특히나 아이주도 이유식을 시작하면 온전히 아이의 선택에 맡겨야 하는데, 아이가 먹다 말고 음식을 놔버리면 대신 그걸 입에 넣어주고 싶은 마음이 커지기 마련이죠.

　그러나 앞에서 말했듯이 아이마다 성장에 따라 그리고 타고난 기질에 따라 필요한 양과 감당할 수 있는 양이 다를 수 있어요. 정해진 기준과 비교하거나 다른 집 아이와 비교하며 너무 조급해 하지 말고 아이주도 이유식을 진행해보세요.

　보다 쉬운 이해를 위해 각 단계별 주의사항과 더불어 실제로 진행했던 식사 스케줄을 간략하게 정리해 모아봤습니다. 내용을 참고하여 내 아이에게 맞는 식사 스케줄을 짜는 것이 중요합니다!

초기 이유식(6~7개월)_ 이유식 1회

초기 이유식은 이유식으로 영양을 보충하는 목적보다는 새로운 형태의 음식을 소개하는데 중점을 둡니다. 이유식은 1회 또는 2회 정도 실시하며 이유식 후에는 분유로 보충 수유를 하는 게 좋습니다. 이때 중요한 점은 바로 이유식 식사 타이밍입니다. 이유식은 되도록 오전에 시도해 주세요. 새로운 음식에 대한 혹시 모를 알레르기 반응이 일어났을 때 좀 더 빠르게 대처할 수 있어요.

초기 이유식	지안이의 식사 스케줄
AM 8:00	아침 분유 수유
AM 11:00	주로 찐 야채스틱 위주의 핑거푸드로 이유식 급여
PM 12:00	추가 분유 수유
PM 4:00	저녁 분유 수유
PM 8:00	마지막 수유 후 취침

중기 이유식(8~9개월)_ 이유식 2회

이때부터는 이유식은 오전과 오후로 나누어 2회 실시합니다. 아이가 배가 많이 고픈 상태에서는 이유식을 거부할 수 있으니 평소 수유 시간보다 30분 또는 1시간 정도 전에 이유식을 시도하는 게 좋아요. 이유식 후에는 보충 수유를 해주도록 합니다.

중기 이유식	지안이의 식사 스케줄
AM 8:00	아침 분유 수유
AM 11:00	주로 찐 야채스틱 위주의 핑거푸드로 이유식 급여

PM 12:00	추가 분유 수유
PM 4:00	매시스틱 또는 매시볼 등의 핑거푸드로 이유식 급여
PM 5:00	추가 분유 수유
PM 8:00	마지막 수유 후 취침

후기 이유식(10~11개월)_ 이유식 3회, 간식 1회

이유식을 아침, 점심, 저녁 시간대 모두 먹는 연습을 시작할 시기입니다. 이때 보충 수유하는 분유의 양을 점점 줄여나가야 합니다. 아기가 이유식을 먹는 시간에 엄마, 아빠도 함께 밥을 먹으면 이유식을 훨씬 더 잘 먹을 수 있어요. 이 시기의 루틴이 유아식을 진행할 때에도 영향을 끼치기 때문에 분유는 서서히 간식의 개념으로 먹을 수 있도록 조절 해 줍니다.

후기 이유식	지안이의 식사 스케줄	
AM 8:00	간단하게 줄 수 있는 오버나이트오트밀이나 야채스틱 등으로 이유식 급여
AM 9:00	추가 분유 수유
PM 12:00	리소토, 파스타와 같은 음식으로 이유식 급여
PM 1:00	추가 분유 수유
PM 3:00	치즈, 요거트, 과일 등의 간단한 간식
PM 6:00	소고기 완자와 같이 든든하게 먹을 수 있는 메뉴로 이유식 급여
PM 7:00	추가 분유 수유
PM 8:00	마지막 수유 후 취침

※ 지안이는 이 때부터 마지막 수유를 먹지 않고 잠드는 경우가 많아졌어요. 이유식으로 영양을 충분히 섭취하고 있다면 배가 부른 아이는 마지막 수유를 하지 않고 잠들 수 있습니다.

완료기 이유식 (12개월)_ 이유식 3회, 간식 2회

이제 아이는 엄마아빠와 같은 패턴으로 아침, 점심, 저녁을 먹을 수 있어요. 아침과 점심, 점심과 저녁 사이에 공복 시간이 길지 않도록 간단하고 영양가 있는 간식을 챙겨주는 게 좋습니다. 지안이의 경우 이 시기부터 분유를 먹지 않더라고요. 아직 분유를 먹는 아이는 식사 사이사이 간식의 개념으로 분유를 줄 수 있습니다.

완료기 이유식	지안이의 식사 스케줄
AM 8:00	간단하게 줄 수 있는 오버나이트오트밀이나 야채스틱 등으로 이유식 급여
AM 10:00	치즈, 요거트, 과일 등의 간단한 간식
PM 12:00	리소토, 파스타와 같은 음식으로 이유식 급여
PM 3:00	아몬드가지쿠키 등 흥미를 가질 수 있는 메뉴로 간단한 간식
PM 6:00	소고기완자와 같이 든든하게 먹을 수 있는 메뉴로 이유식 급여
PM 8:00	마지막 수유 후 취침
※ 이유식으로 영양을 충분히 섭취하고 있다면 배가 부른 아이는 마지막 수유를 하지 않고 잠들 수 있습니다.	

03
무엇을 먹여야 할까?

탄수화물, 단백질, 지방을 비롯한 비타민과 무기질까지 골고루 챙겨야 한다는 걸 알았다면 이제는 본격적으로 식단을 구성해 볼 차례입니다. 아래 표는 아이들 성장 발달에 좋은 식품들을 종류별로 분류한 것이니 이유식을 만들 때 참고하세요!

영유아 성장 발달에 도움이 되는 식품들	
곡류	밥, 빵, 고구마, 감자, 옥수수, 파스타, 국수, 떡, 오트밀, 퀴노아 등
육류	닭고기, 소고기, 돼지고기 등
어패류	가자미, 갈치, 대구, 고등어, 새우, 오징어, 조개, 낙지 등
해조류	다시마, 미역, 파래, 김 등
야채류	시금치, 브로콜리, 애호박, 무, 청경채, 토마토, 콩나물, 배추, 당근, 오이 등
과일류	사과, 배, 망고, 수박, 복숭아, 오렌지, 키위, 딸기, 바나나, 블루베리, 포도 등
난류	계란, 메추리알 등
콩류	완두콩, 강낭콩, 검은콩, 유부, 두부 등
말린 과일 및 견과류	건포도, 건자두, 대추, 깨, 밤 등
유지류	식용유, 올리브유, 포도씨유, 해바라기씨유, 아보카도유, 참기름, 들기름 등
유제품	우유, 생크림, 버터, 요구르트, 치즈 등

※ 되도록 알레르기 검사 후에 음식을 먹이는 것이 좋습니다.

최근 이유식 지침에 따르면 돌 전에는 생우유와 꿀 외에 특별한 음식을 제한하지 않는 걸로 알고 있어요.

아이주도 이유식의 가장 큰 목표는 아이가 스스로 여러 식재료를 탐색하고 주체적

으로 음식을 먹는 것이에요. 부모는 그런 아이의 든든한 조력자가 되어줘야 합니다. 최대한 여러 식재료를 사용해 아이가 새로운 음식에 익숙해질 수 있도록 도와주세요.

우리 아이를 위한 알레르기 테스트

최근 연구에 따르면 너무 늦은 시기에 알레르기 테스트를 진행하면 오히려 알레르기 반응을 높일 수 있다고 합니다. 예를 들어 돌 이전에 땅콩 알레르기 테스트를 해야 땅콩 알레르기 발생 확률이 감소한다는 말이죠. 계란도 마찬가지입니다. 노른자를 먼저 테스트하고, 한 달 정도 후에 흰자 알레르기 테스트를 해야 계란 알레르기 발생 확률을 낮출 수 있어요.

우리 아이가 어떤 알레르기가 있을지 몰라 당혹스러울 엄마들을 위해 스스로 할 수 있는 이유식 재료 알레르기 테스트 법을 공개합니다.

★ 알레르기 테스트 법 ★

- 한 번에 하나의 재료를 3~4일에 걸쳐 테스트 한다.
- 새로운 재료는 항상 오전에 시도한다.
- 계란 흰자는 고온에서 조리 후 테스트 한다.
- 최소 1~2시간동안 면밀하게 살펴본다. 주로 입 옆이나 등과 배, 팔다리 등 알레르기 반응이 가장 빨리 올라오는 부분을 확인한다.
- 피부에 붉은 반점이 생기는 정도의 알레르기 반응에는 원인 음식을 일주일간 주지 않고 1~2주 시간 텀을 두고 다시 시도한다.
- 알레르기 테스트를 진행할 때는 한 번에 너무 많은 양을 제공하지 않도록 주의한다.

04
우리 아이를 위한 제철 식재료

계절마다 어른들이 제철 음식을 찾는 이유는 단 하나! 그 시기에 나오는 식재료로 만든 음식이 우리 몸에 좋고 맛있기 때문입니다. 이는 아이들에게도 해당되는 이야기예요. 영양이 가득 들어간 제철 식재료로 이유식을 만들면 우리 아이 성장 발달에 그 무엇보다 도움이 될 겁니다. 맛도 좋고 건강하기까지 한 제철 식재료를 한 눈에 알아볼 수 있도록 정리했어요.

	야채류 & 콩류	과일류	어패류 & 해조류
1월	브로콜리, 콜리플라워, 우엉, 더덕	귤, 한라봉, 딸기, 사과, 배	명태, 도미, 삼치, 청어, 조기, 바지락, 꼬막, 굴, 홍합, 꽃게, 낙지, 모시조개, 파래, 물미역
2월	브로콜리, 콜리플라워, 연근, 쑥, 냉이, 우엉, 더덕	귤, 한라봉, 딸기	삼치, 도미, 홍합, 낙지, 물미역, 다시마, 파래, 톳, 바지락, 전복, 꽃게, 청어, 꼬막, 모시조개, 굴, 조기
3월	브로콜리, 콜리플라워, 달래, 쑥, 냉이, 더덕, 우엉, 마늘종, 봄동, 애호박, 양배추, 부추, 적양배추, 표고버섯, 연근	한라봉, 딸기	도미, 쭈꾸미, 바지락, 대합, 소라, 꽃게, 물미역, 톳, 멸치, 꼬막, 성게
4월	더덕, 쑥, 달래, 냉이, 두릅, 취나물, 아스파라거스, 애호박, 마늘종, 양배추, 오이, 적양배추, 표고버섯, 가지, 부추, 연근	딸기	참다랑어, 쭈꾸미, 바지락, 소라, 멸치, 톳, 키조개, 성게, 참돔, 꽃게

월	채소	과일	수산물
5월	양배추, 완두콩, 마늘, 도라지, 애호박, 표고버섯, 가지, 죽순, 연근, 파프리카, 오이, 적양배추, 부추	딸기, 매실, 대추	참다랑어, 장어, 멸치, 넙치, 쭈꾸미, 소라, 키조개, 다슬기, 톳, 병어, 성게, 참돔, 꽃게, 갑오징어
6월	청경채, 감자, 오이, 부추, 열무, 마늘종, 애호박, 양배추, 적양배추, 표고버섯, 완두콩, 가지, 연근, 파프리카	참외, 산딸기, 복분자, 청포도, 매실, 살구, 대추, 블루베리	참다랑어, 준치, 장어, 병어, 참조기, 삼치, 소라, 다슬기, 멸치, 농어, 성게, 참돔, 갑오징어
7월	양상추, 애호박, 부추, 가지, 피망, 감자, 옥수수, 도라지, 열무, 토마토, 청경채, 오이, 시금치, 양파, 아욱, 근대, 연근, 파프리카, 고구마순, 표고버섯	수박, 참외, 메론, 포도, 자두, 복분자, 블루베리, 복숭아, 대추	농어, 갈치, 준치, 오징어, 멸치, 다시마, 모시조개, 병어, 오징어
8월	열무, 감자, 옥수수, 고구마, 가지, 고구마순, 도라지, 토마토, 애호박, 청경채, 시금치, 양파, 부추, 표고버섯, 아욱, 연근	포도, 블루베리, 수박, 복분자, 복숭아, 살구, 자두, 참외, 멜론, 대추, 잣	갈치, 준치, 전복, 대합, 성게, 멸치, 다시마, 오징어, 모시조개
9월	당근, 은행, 표고버섯, 감자, 고구마, 옥수수, 참나물, 토마토, 애호박, 시금치, 양파, 부추, 연근, 파, 아욱	배, 무화과, 블루베리, 포도, 밤, 대추, 잣	고등어, 광어, 삼치, 갈치, 연어, 새우, 게, 굴, 홍합, 전복, 멸치, 다시마, 오징어
10월	파, 무, 늙은호박, 은행, 팥, 송이버섯, 고구마, 당근, 브로콜리, 감자, 단호박, 애호박, 시금치, 검은깨, 연근, 콜리플라워	사과, 무화과, 유자, 귤, 배, 감, 모과, 오미자, 밤, 대추, 잣, 은행	광어, 갈치, 꽁치, 고등어, 연어, 전어, 삼치, 꽃게, 홍합, 굴, 전복, 새우, 해삼, 낙지, 조기, 가자미, 멸치, 오징어
11월	배추, 무, 늙은호박, 브로콜리, 숙주, 당근, 우엉, 연근, 은행, 파, 콜리플라워	감, 모과, 유자, 배, 귤, 사과, 키위, 밤, 잣	삼치, 광어, 도미, 고등어, 꽁치, 전어, 옥돔, 해삼, 꼬막, 가리비, 홍합, 대하, 굴, 가자미, 꽃게, 멸치, 새우, 오징어
12월	브로콜리, 콜리플라워, 무, 배추, 늙은호박, 파	유자, 한라봉, 귤, 사과, 밤, 잣, 딸기, 배	광어, 삼치, 명태, 도미, 홍합, 굴, 새우, 가리비, 꼬막, 가자미, 파래, 꽃게

05
요리할 때 꼭 필요한 조리도구

아이가 태어나기 전까지 요리를 제대로 해본 적 없는 부모들도 분명 있을 겁니다. 아직은 모든 것이 낯설고 서툰 부모들을 위해 요리할 때 꼭 필요한 조리도구를 소개합니다!

칼

식재료를 다듬을 때 꼭 필요한 조리도구이지만, 아이들을 위한 음식을 만들 때는 특히 신경 써야 하는 도구이기도 합니다. 아이들 중에 알레르기가 있는 경우 칼에 조금 묻은 것 만으로도 바로 알레르기 반응이 올 수 있기 때문입니다. 반드시 어른들 음식을 만들 때 사용하는 칼과 아이용 음식을 만들 때 사용하는 칼을 구분해야 합니다. 또한 가능하면 일반 식재료용, 과일용, 육류용 등으로 세분화해서 사용하면 보다 안전합니다.

도마

도마 역시 칼과 같은 이유로 따로 분리해서 사용하는 것이 좋습니다. 특히나 칼을 이용할 때 도마에 흠집이 나 그 안에 음식물이 스며들 수 있어 더더욱 분리하여 사용해야 합니다. 흠집이 쉽게 나는 나무 소재의 도마보다 가볍고 쉽게 세척할 수 있는 실리콘 재질의 도마를 추천합니다.

야채 다지기

요리할 때 가장 많은 시간이 드는 것은 바로 재료 손질입니다. 특히나 어른들에 비해 식재료를 잘게 다져서 만들 일이 많은 이유식은 더더욱 그렇죠. 도대체 언제 저 많은 재료들을 손질할까 싶어 걱정이라면 야채 다지기를 사용해 보세요. 아주 간단하게 식재료를 잘게 다질 수 있어 정말 좋습니다. 특히 이름에 걸맞게 야채를 손질할 때 그 진가가 발휘됩니다. 한 번에 많은 양의 재료들을 다진 후 소분하여 냉동실에 넣어두면 끝! 요리할 때마다 미리 얼려둔 야채를 꺼내 사용하면 되니까 요리 시간도 훨씬 단축됩니다.

이유식 큐브

앞에서 말한 야채 다지기로 야채를 손질한 후 소분할 때 이유식 큐브를 활용해보는 건 어떨까요? 큐브 안에 재료들을 넣고 냉동실이나 냉장실에 보관해두었다가 간편하게 꺼내 사용하면 됩니다. 실리콘 재질로 되어있어 얼린 재료도 살짝 힘을 주면 쉽게 빠져서 좋아요. 너무 작은 칸 보다는 중간 크기의 이유식 큐브를 추천합니다. 여유가 된다면 사이즈 별로 구비하는 것도 좋습니다.

스패츌라

음식을 만들다 보면 재료를 휘저을 일이 정말 많아요. 그럴 때 실리콘 재질의 스패츌라를 사용하세요. 나무나 쇠로 된 제품과 달리 적당한 탄력감이 있어 단단한 부분으로는 재료를 섞을 때 사용하고 부드러운 부분으로는 그릇이나 냄비 벽의 것들을 깨끗하게 긁어모을 수 있어 좋아요.

냄비

아이 음식을 만들 때 사용할 냄비로는 안에 눈금자가 있어 용량 확인이 가능한 제품을 선택하는 것을 추천합니다. 그래야 우리 아이가 먹을 만큼의 양을 정확히 준비할 수 있거든요. 되도록 스테인리스 제품이 좋고, 개월 수가 지날수록 아이가 먹는 양이 많아지니 너무 작은 냄비를 사는 것보다 처음부터 큰 것을 고르는 것을 권합니다.

믹서기

야채 다지기로 손질하기 어려운 것들도 믹서기 하나로 완벽히 해결할 수 있습니다. 각종 야채와 과일은 물론이거니와 돼지고기, 닭고기, 소고기까지 모두 말끔하게 갈아낼 수 있어요. 다만 너무 힘이 약한 것은 육류와 같이 단단한 식재료를 재대로 갈아내지 못할 수 있기 때문에 되도록 파워가 센 제품을 선택하는 걸 추천합니다.

찜기

이유식을 조리할 때 식재료를 찌는 경우가 매우 많습니다. 일반 냄비를 활용해 쪄도 좋지만, 찜기를 따로 구비해두면 훨씬 더 쉽고 빠르게 음식을 만들 수 있어요. 타이머 설정이 가능한 제품도 많아서 원하는 식감으로 조리하기에도 편리합니다.

가열성 용기

전자레인지에 음식을 돌리거나 오븐으로 무언가를 구울 때 가열성 용기가 꼭 필요합니다. 열에 강하기 때문에 다 사용한 후 나중에 열탕 소독까지 할 수 있어 더욱더 좋지요. 아이 음식을 만들 때뿐만 아니라 어른들을 위한 요리를 할 때도 두루두루 사용할 수 있으니 여러 개 구비해 두는 것이 좋습니다.

06
요리가 더욱 쉬워지는 시판 재료

　재료 하나하나 손질해서 정성 가득한 음식을 아이에게 주고 싶은 게 이 세상 모든 부모의 마음일 것입니다. 하지만 육아와 집안일, 그리고 회사 일에 쫓기다보면 요리하는 데 모든 에너지를 쏟기란 쉽지 않은 일이죠. 그럴 땐 시판 재료를 활용해 보는 것도 좋은 방법입니다. 요리 시간을 단축시키고 맛과 영양은 더욱 풍부하게 만들어줄 시판 재료, 지금 만나보세요!

① 곤드레쏙

곤드레밥을 손쉽게 만들 수 있는 재료. 나물을 먹지 않는 아이들도 곤드레밥을 주면 잘 먹는 경우가 있어 사용해 보면 좋습니다.

▶ 건강을 가꾸는 사람들, instagram.com/gungasa101

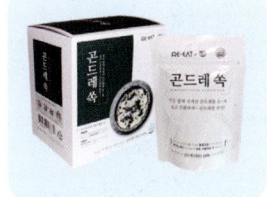

② 한포담다

아기들도 사용할 수 있는 사골 분말입니다. 사골과 더불어 연근 가루만 들어있어 무염식 아기들도 사용할 수 있습니다. 소고기 분말 제품도 있어 아이 입맛에 따라 골라 사용하면 됩니다.

▶ 위드잇, smartstore.naver.com/withaury

③ 순살 생선 구이

가시를 제거 한 순살 생선 구이입니다. 이미 조리되어 나온 제품이라 전자레인지에 돌려서 간편하게 먹을 수 있어요. 생선까스 등 집에서 조리하기 힘든 메뉴를 만들 때 활용해도 아주 좋습니다. 아기용으로 나온 제품이라 짜지 않고 담백해요.

▶ 아린이네생선가게, smartstore.naver.com/incheon3792

④ 쌀 누룩 소금

쌀 누룩을 이용해 발효시킨 소금으로 아미노산, 비타민, 무기질 등이 풍부한 게 특징입니다. 적은 양의 소금으로 감칠맛을 낼 수 있어요. 소규모로 제조되고 있어 상시 판매가 이루어지는 것이 아니니, 판매 시기를 잘 살펴봐야 합니다.

▶ 작은 텃밭, smartstore.naver.com/thebat

⑤ 쌀 누룩 간장

쌀 누룩을 이용해 발효시킨 간장으로 아미노산, 비타민, 무기질 등이 풍부합니다. 산 분해 간장이 아닌 국산 콩을 발효시켜 만든 제품으로 설탕, 밀가루, 화학조미료 등이 들어가지 않았어요.

▶ 작은 텃밭, smartstore.naver.com/thebat

⑥ 쌀 누룩 된장

국산 황국균을 이용해 발효시킨 된장으로 설탕, 화학조미료, 식품첨가물 등이 들어가지 않아 건강하고 안전하게 아이에게 먹일 수 있어요.

▶ 작은 텃밭, smartstore.naver.com/thebat

⑦ 완도 건조 매생이

세척 완료 후 동결 건조 된 제품이에요. 2g씩 소분되어 있어 사용할 때마다 조금씩 꺼내 쓰면 되니 무척 간편합니다.

▶ 요리의바다, wando-mall.com

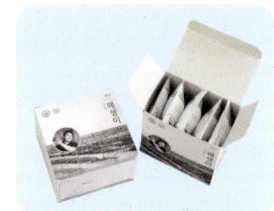

⑧ 완도 염장 톳

싱싱한 톳을 깨끗하게 세척한 후 한 번 쪄서 말린 제품이에요. 사용할 때마다 조금씩 꺼내 쓰면 되니 편리합니다.

▶ 요리의바다, wando-mall.com

⑨ 유기농 아기 참기름

통참깨를 저온으로 단 한 번 압착해 추출한 참기름이에요. 아이 입맛에 따라 순한 참기름과 고소한 참기름 두 가지 버전 중 하나를 선택해 사용하면 됩니다.

▶ 바른맛 정미, smartstore.naver.com/orgajungmi

⑩ 채소너겟

단호박과 고구마, 파프리카, 양파, 치즈를 더해 만든 채소너겟이에요. 무농약 우리밀 빵가루로 만들어 더욱 바삭하고 맛있어요.

▶ 밀프로젝트, smartstore.naver.com/mealproject

⑪ 첫단추 쌀조청

설탕이나 물엿 대신 사용할 수 있는 아기용 조청이에요. 국내산 쌀 100%로 만들었으며, 방부제나 보존제, 첨가물이 들어있지 않아 안심하고 사용할 수 있어요. 냉장보관은 필수!

▶ 다온, smartstore.naver.com/daon-ade

⑫ 베이비 채수

무, 당근, 양파, 호박, 대파, 사과, 배, 다시마, 표고버섯 등으로 만든 유아용 채수입니다. 파우치에 액상 육수가 들어있는 형태라 사용하기 간편해요.

▶ 베이비채수, smartstore.naver.com/baby_vegesoup

⑬ 다진 야채 큐브

다양한 재료로 만들어진 야채 큐브입니다. 1단계, 2단계, 3단계로 입자를 나눠서 판매하기 때문에 아이 성장 상황에 따라 골라 사용하면 됩니다. 총 36종의 야채 및 과일 큐브가 있어 선택지가 넓은 것이 특징입니다.

▶ 큐브데이, smartstore.naver.com/cubeday

⑭ 다짐 대게살

국내산 대게의 몸통 살로 만든 제품이에요. 제품 하나에 4개의 큐브로 나뉘어져 있으며, 80g씩 소포장 되어 있어 요리할 때 하나씩 꺼내 쓰기 좋습니다.

▶ 윈윈푸드, www.winwinfish.com

활용 만점
향신료 가루 레시피

아이들이 먹는 음식은 최대한 간을 하지 않고 식재료 본연의 맛을 즐길 수 있도록 하는 것이 좋습니다. 문제는 그렇게 만든 음식을 아이가 거부할 때 발생합니다. 조금이라도 더 먹이고 싶은 마음에 자꾸만 간장이나 소금으로 손이 가는 부모들을 위해 활용도 높은 향신료 가루 레시피를 준비했어요. 향신료 가루 하나만 있으면 짜고 자극적인 조미료 없이도 충분히 맛있는 이유식을 만들 수 있어요.

멸치다시마 가루

멸치다시마 가루는 간장이나 다시마 등을 대신해 사용할 수 있어요. 아직 간을 하기 어려운 아이 음식에 넣으면 다양한 풍미와 감칠맛을 줄 수 있어요.

재료 건조 멸치 100g, 건조 다시마 30g

만드는 방법
① 멸치는 머리와 내장을 제거하고, 다시마는 겉에 묻은 이물질을 깨끗이 털어낸다.
② 손질한 멸치는 마른 팬에 한번 볶아서 비린내를 날려준다.
③ 멸치와 다시마는 각각 곱게 갈아 체에 한번 내려준다.
④ 체에 거른 멸치, 다시마 가루는 한데 섞어 냉동 보관한다.

새우 가루

새우 가루는 조금만 사용해도 감칠맛을 확 올려줄 수 있는 식재료예요. 밥전이나 밥머핀, 동그랑땡, 계란말이 등에 소금 대신 사용하면 은은한 감칠맛과 새우의 단맛을 느낄 수 있어요.

재료 건새우 100g

만드는 방법
① 건새우를 마른 팬에 한번 볶아서 비린내와 수분기를 날려준다.
② 믹서기로 곱게 갈아 체에 내려준다.
③ 밀봉 가능한 통에 넣어 냉동 보관한다.

양파 가루

양파 가루는 고기를 밑간하는데 주로 사용합니다. 리소토, 파스타 소스 등에 첨가하면 양파 특유의 맛과 향을 더해줄 수 있습니다.

재료 양파 100g

만드는 방법
① 껍질을 제거한 양파는 깨끗이 씻은 후 얇게 잘라준다.
② 식품건조기에 올려 70도에서 8시간이상 완전히 건조시킨다.
③ 건조된 양파는 믹서기를 이용해 곱게 갈아 체에 한번 내려준다.
④ 체에 거른 양파 가루는 밀봉 용기에 담아 냉동 보관한다.

마늘 가루

마늘 가루는 마늘의 아린 맛은 없어지고 마늘 특유의 향을 느낄 수 있어서 아이 요리에 활용하기 좋아요. 국이나 조림요리, 반찬 등에 사용할 수 있고 고기를 재울 때 활용하면 고기의 잡내를 잡아줄 수 있습니다.

재료 마늘 100g

만드는 방법
① 마늘은 깨끗이 씻은 후 얇게 잘라준다.
② 식품건조기에 올려 70도에서 8시간이상 완전히 건조시킨다.
③ 건조된 마늘은 믹서기를 이용해 곱게 갈아 체에 한번 내려준다.
④ 체에 거른 마늘 가루는 밀봉 용기에 담아 냉동 보관한다.

대파 가루

대파 가루는 고기를 밑간하는데 주로 사용합니다. 리소토, 파스타 소스 등에 첨가하면 대파 특유의 맛과 향을 더해줄 수 있습니다.

재료 대파 100g

만드는 방법
① 껍질을 제거한 대파는 깨끗이 씻은 후 얇게 잘라준다.
② 식품건조기에 올려 70도에서 8시간이상 완전히 건조시킨다.
③ 건조된 대파는 믹서기를 이용해 곱게 갈아 체에 한번 내려준다.
④ 체에 거른 대파 가루는 밀봉 용기에 담아 냉동 보관한다.

비트 가루

비트 가루를 이용하면 소량으로도 예쁜 붉은색을 낼 수 있습니다. 와플이나 핫케이크 반죽에 섞어주면 예쁜 분홍빛을 볼 수 있습니다. 파스타, 리소토 등에도 사용할 수 있습니다.

재료 비트 100g

만드는 방법
① 껍질을 제거한 비트는 깨끗이 씻은 후 얇게 잘라준다.
② 식품건조기에 올려 70도에서 10시간이상 완전히 건조시킨다.
③ 건조된 비트는 믹서기를 이용해 곱게 갈아 체에 한번 내려준다.
④ 체에 거른 비트 가루는 밀봉 용기에 담아 냉동 보관한다.

생강 가루

생강 가루를 소량 사용하면 고기의 잡내를 쉽게 잡을 수 있습니다. 생강 가루는 조금만 사용해도 생강의 향이 강하기 때문에 소량씩 사용하는 게 좋습니다.

재료 생강 100g

만드는 방법
① 껍질을 제거한 생강은 깨끗이 씻은 후 얇게 잘라준다.
② 식품건조기에 올려 70도에서 8시간 이상 완전히 건조시킨다.
③ 건조된 생강은 믹서기를 이용해 곱게 갈아 체에 한번 내려준다.
④ 체에 거른 생강 가루는 밀봉 용기에 담아 냉동 보관한다.

표고버섯 가루

표고버섯 가루를 사용하면 손쉽게 감칠맛을 줄 수 있어요. 국이나 조림, 아기 반찬을 만들 때, 또는 고기를 재울 때 두루두루 사용할 수 있습니다.

재료 표고버섯 100g

만드는 방법
① 표고버섯은 먼지를 털어내고 밑둥을 제거한 뒤 얇게 잘라준다.
② 식품건조기에 올려 70도에서 8시간이상 완전히 건조시킨다.
③ 건조된 표고버섯은 믹서기를 이용해 곱게 갈아 체에 한번 내려준다.
④ 체에 거른 표고버섯 가루는 밀봉 용기에 담아 냉동 보관한다.

 위의 레시피를 참고해 직접 만들어도 좋지만, 시중에 판매하는 제품을 구매해도 좋습니다. 저는 마늘 가루, 양파 가루 같은 제품은 이마트 피코크 제품을 많이 사용했어요. 이 외에도 한살림 등에서 천연분말 조미료를 판매하고 있습니다.

3장

BASIC SAUCE

감칠맛을 더해줄
기본 소스

딸기잼

집에서도 간단히 만들 수 있는 딸기잼 레시피입니다.
설탕 대신 사과를 더해 건강한 단맛을 내보았으니
한 번 도전해보세요!

재료

- ☐ 딸기 200g
- ☐ 사과퓌레 1개
- ☐ 전분물 1큰술
- ☐ 레몬즙 1큰술

만드는 법

1 준비한 딸기를 4조각으로 자른다.

2 ①에 사과퓌레 1개를 넣고 중약불에 올린 뒤 주걱으로 눌러가면서 30분간 끓여준다.

3 어느 정도 딸기가 익으면 믹서기에 넣고 갈아준다.

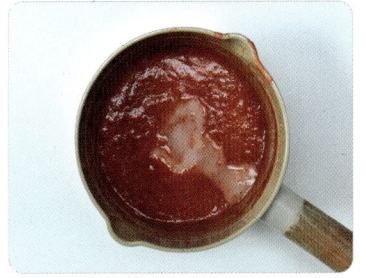

4 ③에 전분물과 레몬즙을 넣은 뒤 20분간 더 끓여주면서 졸인다. 차가운 물에 넣었을 때 풀어지지 않을 정도로 졸여지면 끝!

TIP

- 사과퓌레 대신 배퓌레나 사과즙, 사과 주스 등을 사용해도 됩니다.
- 잼을 끓이다가 올라오는 거품은 말끔히 걷어내세요. 그래야 잼 색깔이 예쁘게 나옵니다.

메뉴 02

사과잼

잘 익은 사과와 배로 만드는 정말 간단한 잼 레시피입니다.
여기에 시나몬 가루로 특별함까지 더했어요.
아이는 물론 어른들 입맛에도 찰떡인 사과잼 레시피, 지금 공개합니다!

다회 제공량
50 min

재료

- [ ] 사과 1개
- [ ] 배 ¼ 조각
- [ ] 시나몬 가루 1작은술

만드는 법

1 준비한 사과와 배를 깨끗이 씻어 적당한 크기로 자른 후 다지기로 잘게 다져준다.

2 잘게 다진 과육을 팬에 옮겨 중약 불로 끓여준다.

3 과육이 잼 농도로 졸아들 때까지 약 20분간 계속 끓이다가 마지막에 시나몬 가루를 넣고 잘 섞어준다.

TIP

- 잼의 감칠맛을 높여주기 위해 시나몬 가루를 더했어요. 없으면 생략해도 괜찮습니다.

메뉴
03

골드키위잼

조금 색다른 맛의 잼을 만들고 싶다면 골드키위를 선택해보세요.
설탕을 넣지 않아도 골드키위 특유의 새콤달콤한 맛으로
남녀노소 누구나 좋아할 잼을 만들 수 있답니다.

다회 제공량

30 min

재료

- ☐ 골드키위 4개
- ☐ 전분물 1큰술
- ☐ 레몬즙 1큰술

만드는 법

1 골드키위의 껍질을 벗긴 뒤 믹서기에 갈아준다.

2 냄비에 ①을 넣고 약불로 끓이다가 국물이 졸아들면 레몬즙과 전분물을 넣고 마저 끓인다.

TIP

- 전분물을 넣고 빠르게 저으면서 끓여줘야 전분이 뭉치지 않고 전체적으로 걸쭉한 잼을 만들 수 있습니다.
- 금방 먹을 양은 냉장 보관하고 오래 두고 먹을 양은 냉동 보관하는 게 좋아요.

메뉴 04

망고잼

남녀노소 누구나 좋아하는 열대 과일 망고로 잼을 만들면
그 달콤함이 배가 된다는 사실, 알고 계신가요?
잘 익은 망고 하나로 뚝딱 만드는 망고잼을 함께 만들어 봅시다.

다회 제공량

30 min

재료

- 망고 150g
- 전분물 1큰술
- 레몬즙 1큰술

만드는 법

1 준비한 망고를 믹서기에 넣어 곱게 갈아준다.

2 냄비에 ①을 넣고 끓이다가 어느 정도 졸이면 전분물과 레몬즙을 더해 마저 끓여준다.

TIP

- 설탕이 들어가지 않아 많이 무른 잼이에요.
- 전분물을 넣고 빠르게 저으면서 끓여줘야 전분이 뭉치지 않고 전체적으로 걸쭉한 잼을 만들 수 있습니다.
- 금방 먹을 양은 냉장 보관하고 오래 두고 먹을 양은 냉동 보관하는 게 좋아요.

메뉴 05

비트토마토케첩

유아식을 만들 때 시중에 판매되고 있는 케첩을 사용해도 되지만
비트와 토마토를 활용해 조금 더 특별한 케첩을 만들어 보면 어떨까요?
설탕이나 조미료가 하나도 들어가지 않아 맛과 영양,
두 마리 토끼를 한 번에 잡았답니다.

다회 제공량

30 min

재료

- [ ] 방울토마토 70g
- [ ] 토마토퓌레 50g
- [ ] 사과퓌레 50g
- [ ] 비트 10g

만드는 법

1 전자레인지용 찜기에 비트와 물을 조금 넣고 5분간 쪄준다.

2 냄비에 ①과 방울토마토, 사과퓌레, 토마토퓌레를 넣고 끓이다가 비트가 충분히 익을 때쯤 중약불에서 15~20분간 더 끓여준다.

3 충분히 익은 재료들을 믹서기에 넣고 곱게 갈아준다.

4 ③을 다시 냄비에 넣고 걸쭉해지도록 약불로 계속 졸여준다. 완성된 케첩을 체에 걸려 사용한다.

TIP

- 비트는 익는 시간이 오래 걸리므로 초벌로 한 번 쪄준 후 사용해주세요.
- 재료들을 익힐 때 타지 않도록 중간중간 물을 보충해 가며 끓여주세요.
- 전분물을 조금 넣어주면 더욱더 걸쭉한 케첩을 만들 수 있어요.

메뉴
06

두부마요네즈

아이에게 줄 음식에 시판 마요네즈를 곁들이는 것이
조금 부담되는 분들을 위해 준비했습니다.
담백하면서도 고소한 맛이 매력적인 두부마요네즈,
지금 시작합니다!

다회 제공량

20 min

재료

- [ ] 두부 100g
- [ ] 레몬즙 2큰술
- [ ] 땅콩버터 1큰술
- [ ] 아가베시럽 1큰술
- [ ] 통깨 1큰술
- [ ] 올리브오일 1큰술

만드는 법

1 뜨거운 물에 두부를 한 번 데쳐준다.

2 절구에 깨를 넣고 적당히 갈아서 준비한다.

3 ①과 ②를 섞은 뒤 아가베시럽, 땅콩버터, 올리브오일, 레몬즙을 넣고 함께 갈아주면 완성!

TIP

- 유아용 두부마요네즈를 만든 뒤 여기에 소금을 조금 넣어주면 어른 요리에 소스로도 사용할 수 있습니다.

라구소스

리소토나 파스타를 만들 때 빼놓을 수 없는 라구소스!
하지만 아이가 먹기에는 그 맛이 너무 자극적이지 않을까
걱정이라면 여기를 주목하세요. 다양한 야채와 토마토로
건강하고 맛있게 만든 라구소스 레시피를 준비했으니까요!

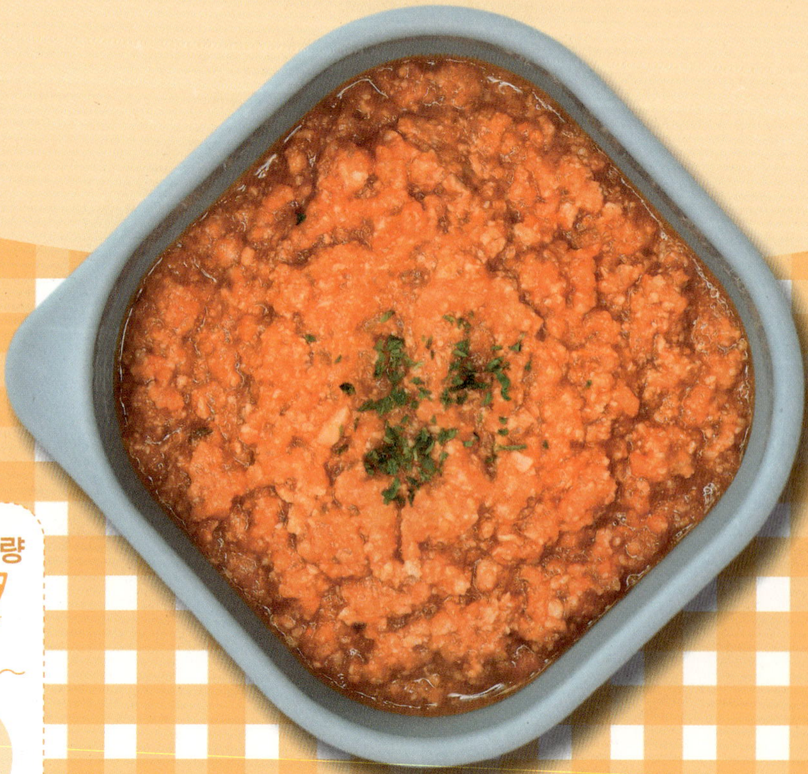

다회 제공량

60 min

재료

- [ ] 토마토 200g
- [ ] 다진 돼지고기 100g
- [ ] 사과 80g
- [ ] 양파 50g
- [ ] 가지 50g
- [ ] 새송이버섯 50g
- [ ] 당근 30g
- [ ] 샐러리 20g
- [ ] 버터 20g
- [ ] 토마토퓌레 50㎖
- [ ] 월계수잎 1장
- [ ] 바질 가루 조금

만드는 법

1 토마토에 십자가 모양으로 칼집을 내고 뜨거운 물에 10초간 데친 후 차가운 물에 넣어 식혀준다.

2 샐러리와 가지, 버섯, 당근을 다지기에 넣어 잘게 다진 후 사과와 토마토도 다지기에 넣어 다진다.

3 버터를 두른 냄비에 다진 양파를 넣고 중약불에서 5분 이상 볶아준다. 양파가 노릇하게 익으면 다진 돼지고기를 넣고 잘 섞어가며 볶아준다.

4 고기가 익을 때쯤 다진 야채와 과일을 순서대로 넣고 마저 볶는다.

5 ④에 토마토퓌레, 월계수잎, 바질 가루를 넣은 뒤 중약불에서 30분 이상 끓이면서 졸여준다.

TIP

- 사과 대신 사과퓌레를 사용해도 좋습니다.
- 1회분씩 큐브에 담아 냉동한 뒤 리소토나 파스타를 만들 때 쓰거나 피자 소스 등으로도 활용할 수 있습니다.

메뉴
08

바질페스토

우리 아이를 위해 조금 특별한 음식을 만들고 싶다면
바질페스토를 주목하세요.
샐러드를 만들거나 파스타를 만들 때
두루두루 사용할 수 있어 좋답니다.

다회 제공량

15 min

재료

- [ ] 바질 100g
- [ ] 호두 30g
- [ ] 캐슈넛 30g
- [ ] 파르마지아노 레지아노 치즈 가루 30g
- [ ] 마늘 3톨
- [ ] 올리브오일 50㎖

만드는 법

1 캐슈넛과 호두를 마른 팬에 한 번 볶아준다.

2 ①과 마늘을 믹서기에 넣고 곱게 갈아준다.

3 ②에 깨끗하게 씻은 바질과 치즈 가루, 올리브오일을 넣고 한 번 더 곱게 갈아주면 완성!

TIP

- 완성된 바질페스토 위에 올리브오일을 페스토 위를 덮어줄 정도로 넉넉하게 뿌려주면 공기와 만나지 않아 조금 더 오래 보관할 수 있어요.
- 실리콘 큐브에 한 번 먹을 양씩 소분해 얼려두면 요리할 때마다 간편히 꺼내 사용할 수 있습니다.

메뉴 09

표고버섯페스토

우리에게 친숙한 바질페스토 대신 표고버섯을 활용해
페스토를 만들어봤어요.
표고버섯 특유의 담백한 맛과 호두와 캐슈넛의
고소한 맛이 더해져 아주 맛있답니다.

다회 제공량

15 min

재료

- ☐ 표고버섯 100g
- ☐ 호두 30g
- ☐ 캐슈넛 30g
- ☐ 파르마지아노 레지아노 치즈 30g
- ☐ 마늘 3톨
- ☐ 올리브오일 50㎖

만드는 법

1 캐슈넛과 호두를 마른 팬에 넣고 한 번 볶아준다.

2 ①과 마늘을 믹서기에 넣고 곱게 갈아준다.

3 표고버섯의 밑둥을 제거하고 듬성듬성 자른 뒤 기름을 살짝 두른 프라이팬에 넣어 볶다가 물을 조금 넣고 뚜껑을 닫아 스팀으로 찌듯이 익혀준다.

4 ③과 ②를 믹서기에 넣고 나머지 재료들을 모두 더한 뒤 한 번 더 곱게 갈아주면 끝!

TIP

- 완성된 페스토 위에 올리브오일을 뿌려두면 공기와 만나지 않아 좀 더 오래 보관할 수 있어요.
- 실리콘 큐브에 한 번 먹을 양씩 소분해 얼려두면 요리할 때마다 꺼내 간편하게 사용할 수 있습니다.
- 버섯은 수분을 많이 흡수하기 때문에 기름만 넣고 볶으면 기름을 너무 많이 사용하게 됩니다. 이럴 때는 물을 2~3큰술 넣고 스팀으로 찌듯이 볶아주면 담백하고 맛있게 버섯을 익힐 수 있습니다.

메뉴 10

병아리콩훔무스

'훔무스'는 병아리콩과 각종 재료를 섞어 으깬 소스를 말합니다.
담백하고 고소한 맛이 일품이라 아이들이 먹기에도 부담이 없어요.
빵을 찍어 먹거나 샌드위치에 곁들여 먹어도 맛있습니다

다회 제공량

20 min

재료

- 병아리콩 1컵
- 올리브유 50ml
- 레몬즙 2큰술
- 참기름 1큰술
- 참깨 1큰술
- 큐민 조금

만드는 법

1 깨끗한 물이 담근 그릇에 병아리콩을 넣어 하룻밤 불린 뒤 삶아준다.

2 절구에 참깨를 넣고 곱게 갈아서 준비한다.

3 믹서기에 삶은 병아리콩과 곱게 간 참깨, 참기름, 큐민, 레몬즙, 올리브유를 넣고 갈아준다.

TIP

- 병아리콩과 재료가 잘 갈리지 않으면 병아리콩 삶은 물을 조금씩 넣어가며 갈아줍니다.
- 야채, 또띠아칩, 빵 등에 곁들여 먹으면 맛있습니다.

메뉴 11

완두콩훔무스

병아리콩 대신 완두콩을 갈아서 만든 훔무스예요.
초록빛이 아주 먹음직스러워 아이들도 쉽게 관심을 가지게 된답니다.
또띠아 칩이나 식빵 등에 찍어서 먹어도 맛있고 그냥 먹어도 맛있는
완두콩 훔무스를 함께 만들어 봐요.

다회 제공량

15 min

재료

- ☐ 불린 완두콩 1컵
- ☐ 올리브오일 2큰술
- ☐ 레몬즙 2큰술
- ☐ 참깨 1큰술
- ☐ 참기름 1큰술
- ☐ 아가베시럽 1큰술
- ☐ 마늘 가루 조금
- ☐ 큐민 파우더 조금
- ☐ 소금 약간

만드는 법

1 끓는 물에 소금을 조금 넣은 후 불린 완두콩을 넣고 20분 이상 삶아준다.

2 절구에 참깨를 넣고 곱게 갈아서 준비한다.

3 믹서기에 ①과 ②를 넣고 준비한 나머지 재료를 모두 더한 뒤 갈아주면 완성!

TIP

- 먹기 전에 올리브오일, 파프리카 가루를 조금 뿌려주면 더 먹음직스럽습니다.

메뉴
12

블루베리콩포트

과일을 설탕에 절여서 만드는 '콩포트'는 잼보다 조금 묽은 농도의
쫀득한 시럽이에요. 주로 달콤한 블루베리로 많이 만드는데,
아이를 위해 설탕 대신 사과퓌레로
건강한 콩포트를 만들어 보았습니다.

다회 제공량

30 min

재료

- [ ] 블루베리 150g
- [ ] 사과퓌레 50g
- [ ] 전분물 2~3큰술
- [ ] 레몬즙 1큰술

만드는 법

1 블루베리와 사과퓌레를 팬에 넣고 중약불로 끓여준다.

2 블루베리가 어느정도 익으면 레몬즙 1큰술을 넣고 마저 끓인다.

3 ②를 주걱으로 휘저으며 끓이다가 전분물을 넣어 농도를 걸쭉하게 만들어준다.

TIP

- 전분물은 전분가루 1큰술에 물 3큰술을 넣고 잘 섞어주면 완성입니다.

4장

한 손에 딱!
핑거 푸드

메뉴 01

생야채스틱

생야채스틱을 줄 때 아기가 씹지 못하고 삼키지 못하더라도 괜찮아요.
시원한 야채스틱을 잇몸에 문지르면서 이앓이를 완화시킬 수 있고,
오이나 샐러리 등과 같은 야채의 향을 맡으며 오감을 발달시킬 수 있습니다.

1회분

5 min

만드는 법

① 오이

오이는 단단한 야채지만 시원하고 수분감이 많아 이앓이 하는 아기한테 좋아요. 가운데 씨 부분은 쉽게 배탈이 날 수 있으니 제거하고 줍니다.

② 샐러리

샐러리는 향이 강해 아이들이 싫어할 것 같지만 의외로 좋아하는 아이들도 많아요. 샐러리로 스틱을 만들 때는 겉껍질 부분을 필러로 제거한 뒤 제공합니다.

③ 파프리카

파프리카는 생으로 먹었을 때 달달한 맛이라 생야채로 주기 좋습니다. 보통 겉껍질 부분은 남기고 안쪽 부드러운 속살을 갉아먹거나 즙을 빨아먹는 경우가 많아요.

TIP

- 아이에게 주기 전 야채를 깨끗이 씻는 것은 필수입니다. 흐르는 물에 세척하거나 베이킹소다를 섞은 용액으로 가볍게 헹궈주세요.

메뉴 02

찐 야채스틱

아이주도 이유식 초기에는 주로 찐 야채스틱을 제공합니다.
야채스틱을 쪄서 줄 때는 아기가 잇몸과 혀로 뭉개면서 맛을 볼 수 있도록
손으로 눌렀을 때 부드럽게 으깨지는 정도로 익혀주는 것이 좋습니다.

1회분

5~10 min

만드는 법

① 애호박

속살이 부드럽고 달달한 맛에 아기들이 좋아하는 야채입니다. 6~7cm 길이로 자른 후 찜기에 김이 올라올 때 넣어 3분간 쪄줍니다. 전자레인지용 찜기 사용 시 물을 조금 넣고 2분간 돌려줍니다.

② 무

익힌 무는 단맛이 강하고 부드럽게 으깨지는 식감이라 초기에 제공하기 좋습니다. 껍질 벗긴 무는 6~7cm 길이의 스틱 형태로 잘라준 후 찜기에 김이 올라오면 넣어 7분간 쪄줍니다. 전자레인지용 찜기 사용 시 물을 조금 넣고 3분간 돌려줍니다.

③ 브로콜리

브로콜리의 꽃 부분은 수분감이 많고 부드러워 아이들이 재미있게 먹을 수 있습니다. 기둥을 잡고 먹을 수 있도록 스틱 형태로 자른 후 찜기에 김이 올라오면 넣어 3분간 쪄줍니다. 전자레인지용 찜기 사용 시 물을 조금 넣고 1분 30초간 돌려줍니다.

④ 당근

당근은 색감이 예쁘고 단맛이 강한 야채입니다. 당근의 껍질을 필러로 벗긴 뒤 6~7cm 길이의 스틱 형태로 잘라줍니다. 찜기에 김이 올라오면 넣고 8분간 쪄줍니다. 전자레인지용 찜기 사용 시 물을 조금 넣고 3분 30초간 돌려줍니다.

만드는 법

⑤ 감자

감자는 찌기 전에 스틱 형태로 잘라주는 게 좋습니다. 껍질 벗긴 감자는 6~7cm 길이의 스틱 형태로 잘라준 후 찜기에 김이 올라오면 넣어 6분간 쪄줍니다. 전자레인지용 찜기 사용 시 물을 조금 넣고 3분간 돌려줍니다.

⑥ 고구마

고구마의 껍질을 벗기면 쉽게 갈변되기 때문에 미리 준비하는 것 보다는 먹기 전에 껍질을 벗겨 준비하는 게 좋습니다. 껍질 벗긴 고구마는 6~7cm 길이의 스틱 형태로 잘라준 후 찜기에 김이 올라오면 넣어 6분간 쪄줍니다. 전자레인지용 찜기 사용 시 물을 조금 넣고 3분간 돌려줍니다.

⑦ 단호박

전자레인지에 1분 30초간 돌린 후 껍질을 벗기고 씨를 제거합니다. 6~7cm 길이의 스틱 형태로 잘라준 후 찜기에 김이 올라오면 넣어 4분간 쪄줍니다. 전자레인지용 찜기 사용 시 물을 조금 넣고 2분간 돌려줍니다.

TIP

- 아기가 어릴수록 손의 쥐는 힘을 조절하기 어렵습니다. 아기가 손에 쥐었을 때 바스라지지 않을 정도로만 익히는 게 중요합니다.
- 단호박은 수분이 많은 야채라 너무 오래 찌면 쉽게 바스러져요. 단호박 두께에 따라 찌는 시간을 조절해 주세요 손질된 단호박을 구입해 사용하면 좀 더 쉽게 조리할 수 있습니다.

메뉴 03

구운 야채스틱

찐 야채스틱으로 아이가 잇몸과 혀를 이용해 음식을 으깨서
목 뒤로 넘기는 연습을 했다면, 구운 야채스틱은
조금 더 진한 맛과 향을 느낄 수 있게 합니다.
아이들마다 선호하는 식감이 다르니 아이가 식사하는 모습을
주의 깊게 관찰하며 스틱을 제공해주면 좋습니다.

1회분

5~10 min

만드는 법

① 브로콜리

브로콜리의 꽃송이는 연하지만 심지가 단단해 한번 찐 후 구워주는 게 좋아요. 찜기에 3분간 찐 후 달군 팬에 앞뒤로 노릇하게 구워줍니다.

② 파프리카

파프리카는 껍질이 질겨 익힌 후에 껍질을 제거하고 주는 게 좋습니다. 6~7cm 길이의 스틱 형태로 잘라 에어프라이어 170도에서 3분간 구워준 후 껍질을 벗겨 제공합니다.

③ 양송이버섯

양송이버섯은 버섯 중에 제일 연하고 쉽게 바스러져서 아이에게 버섯을 처음 소개할 때 적합해요. 밑둥을 제거한 양송이버섯은 3등분 한 후 격자무늬로 칼집을 내어 에어프라이어 170도에서 3분간 구워줍니다.

④ 토마토

토마토는 생으로 먹었을 때보다 익혀먹을 때 영양분 흡수가 빠릅니다. 토마토는 8등분 한 뒤 씨를 발라내고 에어프라이어 170도에서 2분간 구워줍니다. 익힌 토마토는 껍질을 벗겨 제공합니다.

⑤ 단호박

전자레인지에 1분 30초간 돌린 후 껍질을 벗기고 씨를 제거합니다. 6~7cm 길이의 스틱 형태로 잘라준 후 에어프라이어 170도에서 3분간 구워줍니다. 손질된 단호박을 구입해 사용하면 좀 더 쉽게 조리할 수 있습니다.

⑥ 애호박

애호박은 7mm 두께로 반달썰기 한 후 에어프라이어 170도에서 3분간 구워줍니다.

⑦ 두부

6~7cm 길이의 스틱 형태로 잘라준 후 에어프라이어 170도에서 4분간 구워줍니다. 두부는 무른 식재료라 겉면을 구워주는 게 좀 더 집기 쉽습니다.

⑧ 가지

가지는 필러로 껍질을 벗기고 6~7cm 길이의 스틱 형태로 잘라준 후 에어프라이어 170도에서 3분간 구워줍니다.

⑨ 닭고기 안심

구운 야채스틱과 더불어 구운 닭고기 안심도 소개합니다. 가운데 힘줄 부분을 칼등으로 밀어 제거한 뒤 기름을 조금 두른 팬에 앞뒤로 구워줍니다. 너무 많이 익히면 뻑뻑해져 아이가 먹기 힘들기 때문에 중강불로 겉면을 익혀 육즙을 가둔 뒤 약불로 속까지 익혀줍니다.

⑩ 소고기 안심

닭고기 안심에 이은 소고기 안심입니다. 6~7cm 길이의 스틱 형태로 잘라준 후 기름을 조금 두른 팬에 앞뒤로 구워줍니다. 너무 많이 익히면 육즙이 날아가 아이가 먹기 힘들기 때문에 중강불로 겉면을 익혀 육즙을 가둔 뒤 약불로 속까지 익혀줍니다.

TIP

- 아기가 고기를 아직 삼키지 못하더라도 육즙을 빨아먹으며 철분과 영양소를 충분히 섭취할 수 있어요.
- 소고기, 닭고기 등은 쪄서 제공하면 육즙이 날아가 더 뻑뻑하게 느껴질 수 있으니 달군 팬에 앞뒤로 노릇하게 구워주는 게 더 좋습니다.

메뉴 04

찐 사과구이

아이가 손에 잡고 먹기 좋은 메뉴입니다.
생과일 스틱과 달리 사과를 쪄서
본연의 달콤함을 한 층 더 끌어올린 게 특징이에요.

2회분

5 min

재료

- [ ] 사과 ½개

만드는 법

1 사과를 깨끗이 씻어 준비한다.

2 ①을 아기가 잡고 먹기 좋은 크기 (7~8cm)로 썰어준다.

3 ②를 전자렌지용 찜기에 넣고 2분간 돌려준다.

4 ③을 약불에서 돌려가며 노릇하게 구워준다.

TIP

- 손에 쥐기 좋을 정도로 살짝 구워주는 게 좋아요.

메뉴 05

감자당근매시볼

담백하고 고소한 감자와 당근으로 만든 매시볼이에요.
동글동글한 모양에 부드러운 식감이라 아이가 스스로 잡고 먹기 좋아요.
아기 치즈 1장을 더해 영양과 풍미까지 챙겼어요.

3~4회분
30 min

재료

- [ ] 감자 1개
- [ ] 아기 치즈 1장
- [ ] 당근 50g

만드는 법

1 감자와 당근은 깨끗이 씻은 후 작게 잘라 전자레인지용 찜기에 넣고 5분간 돌린다.

2 익은 감자와 당근을 큰 볼에 넣고 잘 으깬다.

3 으깬 반죽에 아기 치즈 1장을 넣고 골고루 섞어준다.

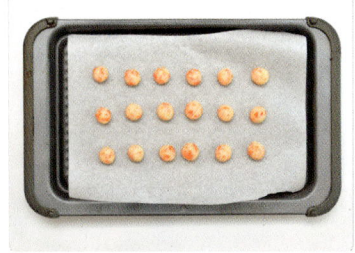

4 아기가 손가락으로 쥘 수 있게 동그란 모양으로 만들어준 뒤 에어프라이어에 넣어 160도로 12분간 돌려준다.

TIP

- 아기가 손바닥을 펴고 손 안에 있는 음식을 먹을 수 있게 되면 손가락으로 작은 볼을 집어먹을 수 있게 만들어주세요.
- 같은 반죽으로 길게 스틱 모양으로 만들어주면 감자당근매시스틱을 만들 수 있습니다.

메뉴 06

고구마두부볼

아이들이 가장 좋아하는 식재료 중 하나인 달콤한 고구마!
여기에 영양 가득 두부를 더해 든든하고 맛있는 볼을 만들어보면 어떨까요?
입 짧은 아이도 즐겁게 먹을 수 있는 고구마두부볼, 지금 시작합니다!

2~3회분

20 min

재료

- ☐ 두부 100g
- ☐ 고구마퓌레 30g
- ☐ 쌀가루 10g

만드는 법

1 두부를 면보에 넣고 물기를 꼭 짜준다.

2 물기를 짜낸 두부에 쌀가루를 더해 잘 섞어준다.

3 완성된 두부 반죽에 고구마퓌레를 넣고 골고루 섞는다.

4 ③을 한 입 크기로 동그랗게 말아준 후 170도로 설정한 에어프라이어에 10분간 구워준다.

TIP

- 한 번 만들 때 대량 생산해서 냉동 보관해도 좋습니다. 해동 할 때는 전자레인지 또는 160도로 설정한 에어프라이어에 5분간 구워줍니다.

메뉴
07

고구마매시스틱

고구마와 쌀가루만 있으면 누구나 쉽게 만들 수 있는 레시피입니다.
부드러우면서도 달콤한 식감이 매력적인 고구마매시스틱을 함께 만나봅시다!

2회분

30 min

재료

- [ ] 고구마 1개
- [ ] 쌀가루 10g

만드는 법

1 고구마를 작게 잘라 전자레인지용 찜기에 넣고 5분간 쪄준다.

2 ①을 부드럽게 으깬 후 준비한 쌀가루를 더해 골고루 섞어준다.

3 ②를 아이가 쥐고 먹기 좋은 크기로 둥글고 길게 반죽한 후 에어프라이어에 넣어 170도로 약 10분간 구워준다.

TIP

- 아이가 한 손에 쥐었을 때 손 위로 튀어나온 부분을 먹을 수 있도록 7~8cm 정도의 길이로 만들어주세요.

고구마치즈볼

달콤한 고구마와 담백한 치즈의 만남은 남녀노소 누구나 좋아할 맛이죠.
이제 막 새로운 음식을 알아가는 아이들의 입맛도 확 사로잡을 겁니다.
간편하게 한입씩 쏙쏙 먹을 수 있는 고구마치즈볼, 지금 만나볼까요?

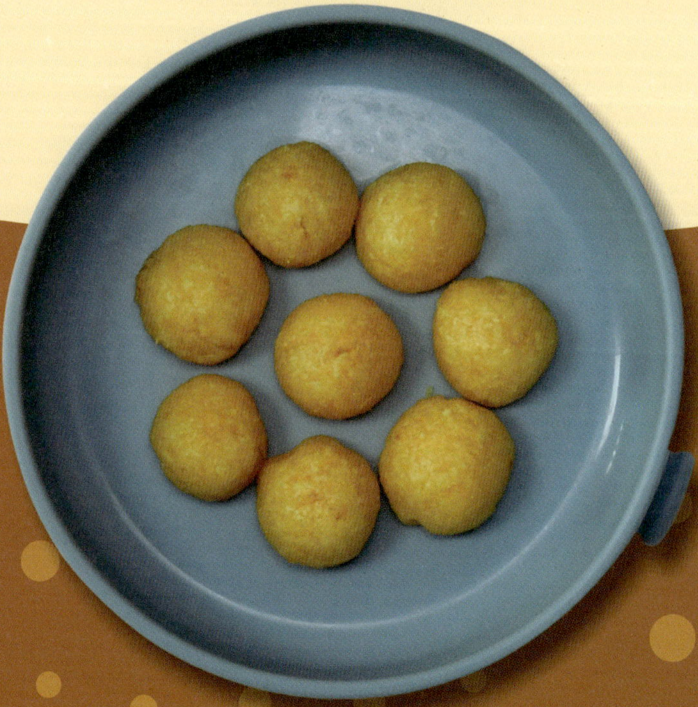

3회분

30 min

재료

- [ ] 고구마 1개
- [ ] 아기 치즈 1장

만드는 법

1 고구마를 작게 자른 뒤 전자레인지용 찜기에 넣고 5분간 쪄준다.

2 잘 쪄진 고구마를 으깬 후 치즈와 섞어준다.

3 한입 크기 정도로 동그랗게 말아준 후 에어프라이어에 넣고 170도에 약 10분간 구워준다.

TIP

- 고구마가 뜨거울 때 치즈를 넣어야 고르게 잘 섞입니다.
- 반죽이 너무 질어서 아기가 집어먹기 힘들어하면 쌀가루를 넣어 반죽 농도를 조절해 주세요.

메뉴
09

그리스식 요거트치킨

아이에게 새로운 맛을 소개하고 싶을 때 추천하는 메뉴입니다.
허브를 사용했기 때문에 소금 간을 하지 않아도
새로운 느낌으로 요리를 접할 수 있어요.

2회분

60 min

재료

- ☐ 닭다리 400g
- ☐ 그릭요거트 100g
- ☐ 우유 200㎖
- ☐ 올리브오일 1큰술
- ☐ 오레가노 1작은술
- ☐ 파슬리 1작은술
- ☐ 훈제 파프리카 가루 조금
- ☐ 다진 마늘 조금

만드는 법

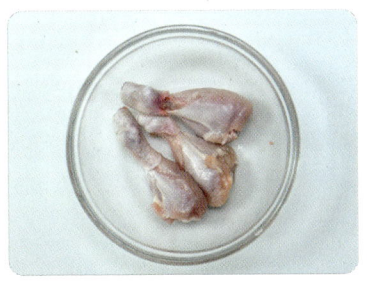

1 닭다리의 껍질을 제거한 후 차가운 물에 깨끗이 씻어준다.

2 손질한 닭다리에 우유를 붓고 약 20분간 재워둔다.

3 ②를 깨끗이 씻은 후 나머지 재료들을 모두 넣고 버무려 냉장고에 넣어 1시간 이상 재워둔다.

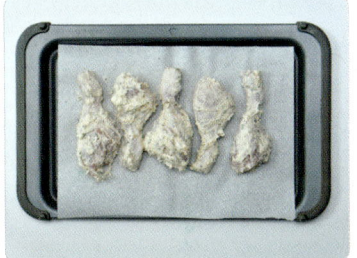

4 ③을 꺼내 에어프라이어에 넣고 170도에서 약 20분간 구워주면 완성!

TIP

- 오레가노는 피자향이 나서 '피자 허브'라고도 합니다. 새로운 향으로 아이의 호기심을 자극해 주세요.

메뉴
10

노른자밥전

탄수화물, 단백질, 지방 등 우리 아이에게 필요한 영양소를
한 번에 잡은 메뉴입니다. 한 끼 식사로 이보다 더 든든할 수 없는
노른자밥전 레시피, 함께 살펴볼까요?

2회분

20 min

재료

- [ ] 계란 노른자 1개
- [ ] 백미밥 60g
- [ ] 다진 소고기 50g
- [ ] 브로콜리 40g

만드는 법

1 브로콜리를 다지기로 잘게 다져 준다.

2 준비한 백미밥에 다진 브로콜리와 다진 소고기, 계란 노른자를 넣고 잘 섞어준다.

3 기름을 살짝 두른 팬에 ②의 반죽을 동그랗게 올린 후 앞뒤로 노릇하게 부쳐준다.

TIP

- 아직 흰자 알레르기 테스트를 하기 전이라면 노른자를 감싸고 있는 난막을 꼭 제거해야 알레르기 반응을 줄일 수 있습니다.
- 냉장고에 있는 다양한 야채를 응용해 넣어줘도 맛있는 노른자밥전을 만들 수 있습니다.

단호박소고기밥스틱

노란빛의 속살이 먹음직스러운 단호박은
저도 정말 좋아하는 식재료입니다.
달콤하고 부드러워 영유아 아이들을 위한 이유식 단골 식재료이기도 하지요.
그런 단호박에 소고기와 밥을 더해 담백하고 맛있는 스틱을 만들어 봤습니다.

2회분

30 min

재료

- [ ] 단호박 100g
- [ ] 소고기 100g
- [ ] 백미밥 80g

만드는 법

1 단호박의 씨를 말끔히 제거한 후 전자레인지용 찜기에 넣어 5분간 쪄준다.

2 소고기는 프라이팬에 볶은 후 칼로 잘게 다져준다.

3 ①의 껍질을 벗긴 후 밥과 다진 소고기를 더해 잘 섞어준다.

4 아이가 한 손에 쥐고 먹기 좋도록 6~7cm 길이로 길쭉하게 모양을 만들어준다.

TIP

- 단호박은 물기가 많은 작물이라 밥과 섞으면 서로 잘 엉겨 붙어요.
- 소고기는 볶은 뒤 한 번 더 다져주면 더 잘게 다질 수 있습니다.
- 스틱이 쉽게 바스러져서 아기가 손으로 잡기 힘들어한다면, 에어프라이어 160도에 3~4분간 구워주세요.

메뉴 12

닭고기표고버섯밥볼

단백질과 비타민, 칼슘 등이 풍부한 표고버섯에 닭 안심을 더해
든든한 한 끼 식사가 되어줄 밥볼을 만들었습니다.
야채 육수로 감칠맛까지 추가한 닭고기표고버섯밥볼 레시피, 같이 살펴볼까요?

3~4회분

25 min

재료

- 백미밥 80g
- 닭 안심 60g
- 표고버섯 50g
- 우유 100㎖
- 야채 육수 50㎖

만드는 법

1 닭 안심을 우유에 넣어 10분간 재워준다.

2 표고버섯은 다지기를 이용해 잘게 다져준다.

3 ①을 깨끗하게 씻은 후 다지기를 이용해 잘게 다져준다.

4 잘게 다진 표고버섯에 야채 육수를 자작하게 부어준 후 볶아주면서 익힌다.

만드는 법

5 또 다른 팬에 기름을 조금 두른 후 닭 안심을 넣고 볶아준다.

6 볼에 준비한 밥을 넣고 ④와 ⑤를 더해 골고루 섞어준다.

7 ⑥을 동그란 모양으로 말아준 후 에어프라이어에 넣고 160도에서 약 3분간 구워주면 끝!

TIP

- 밥볼을 에어프라이어에서 한번 구워주면 겉면의 수분기가 날아가기 때문에 아이가 조금 더 편하게 손에 쥐고 먹을 수 있어요.
- 에어프라이어가 없는 경우 기름기 없는 마른 팬에 굴려가며 구워줘도 됩니다.

메뉴
13

닭안심버터구이

부드러운 닭 안심과 버터의 맛남을 싫어할 사람이 어디 있을까요?
입맛 까다로운 아이도 맛있게 먹을 수 있는 닭안심버터구이!
여기에 마늘 가루와 바질로 색다른 맛까지 더했습니다.

1~2회분

15 min

재료

- ☐ 닭 안심 60g
- ☐ 버터 20g
- ☐ 우유 100㎖
- ☐ 마늘 가루 조금
- ☐ 바질 조금

만드는 법

1 닭 안심을 우유에 넣어 약 10분 간 재워둔다.

2 ①을 깨끗하게 씻어낸 뒤 마늘 가루와 바질을 더해 골고루 버무려 준다.

3 버터를 두른 팬에 ②를 앞뒤로 노릇하게 구워준다.

TIP

- 닭 안심은 힘줄을 제거한 뒤 사용해야 조금 더 부드러워져 아기가 먹기 좋아요.

메뉴 14

등갈비구이

등갈비가 대표적인 핑거푸드 중 하나라는 사실, 알고 계셨나요?
뼈에 살이 붙어있어서 아이가 잡고 쪽쪽 빨아먹기 정말 좋답니다.
올리브오일과 마늘 가루로 담백하게 맛을 낸
등갈비구이 레시피를 지금 공개합니다!

1~2회분

50 min

재료

- [ ] 등갈비 250g
- [ ] 올리브오일 1큰술
- [ ] 마늘 가루 ½큰술

만드는 법

1 등갈비를 물에 20분간 담가 핏물을 제거한다.

2 물기를 제거한 등갈비에 올리브오일, 마늘 가루를 넣고 버무려준다.

3 ②를 에어프라이어에 넣고 160도에서 약 15분간 구워준다.

TIP

- 아이가 고기를 뜯어먹지 못한다고 해도 너무 걱정하지 마세요. 뼈에 붙은 살을 쪽쪽 빨아먹는 것만으로도 충분히 영양분을 섭취할 수 있답니다.

라구치즈밥볼

토마토 베이스의 라구소스로 치즈밥볼을 만들어 봤어요.
가스레인지 불을 사용하지 않고 손쉽게 만들 수 있어 좋답니다.

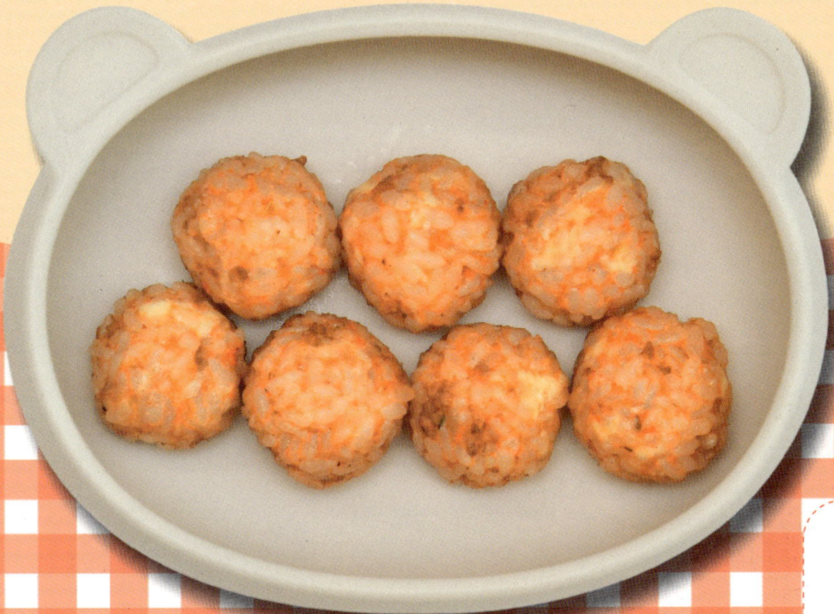

2회분

15 min

재료

- 백미밥 80g
- 라구소스 30g
- 아기 치즈 1장

만드는 법

1 백미밥에 작게 자른 아기 치즈와 라구소스를 넣고 잘 섞어준다.

2 ①을 둥글게 말아 에어프라이어에 넣고 160도에서 약 3분간 구워준다.

TIP

- 74p에서 소개한 라구소스를 활용한 레시피입니다. 미리 만들어둔 라구소스 하나로 밥볼은 물론 파스타, 리소토 등 다양한 메뉴를 만들어보세요.

메뉴
16

블루베리두부볼

미리 만들어둔 블루베리콩포트를 활용한 레시피로
아이들 간식이나 반찬으로 주기 좋습니다.
블루베리 특유의 상큼하고 달콤한 맛이 매력적인 블루베리두부볼,
함께 만들어봅시다!

4~5회분

20 min

재료

- ☐ 두부 100g
- ☐ 블루베리콩포트 50g
- ☐ 쌀가루 10g

만드는 법

1 두부를 뜨거운 물에 데친 후 면보로 물기를 빼준다.

2 물기를 뺀 두부와 쌀가루를 골고루 섞어준다.

3 두부 반죽에 블루베리콩포트를 넣어준다.

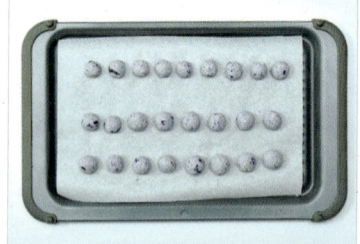

4 ③을 동그랗게 말아준 뒤 에어프라이어에 넣고 160도로 약 15분간 구워준다.

TIP

- 블루베리콩포트 대신 생블루베리를 이용해도 가능합니다.
- 처음 만들 때 대량 생산해서 냉동해 둘 수 있어 좋아요. 해동 시에는 전자레인지 보다는 에어프라이어에서 2~3분 정도 돌려주는 걸 추천합니다.

메뉴
17

비트두부볼

우리 아이 식탁 위를 알록달록하게 만들어줄 특별한 메뉴입니다.
비타민과 철분이 가득 들어간 비트 가루에 두부, 그리고 쌀가루를 섞어
맛과 영양 두 마리 토끼를 한 번에 잡았답니다.

4~5회분

20 min

재료

- 두부 100g
- 쌀가루 10g
- 비트 가루 5g

만드는 법

1 두부를 뜨거운 물에 데친 후 면보로 물기를 빼준다.

2 물기를 뺀 두부와 쌀가루를 골고루 섞어준다.

3 두부 반죽에 비트 가루를 넣어 잘 섞는다.

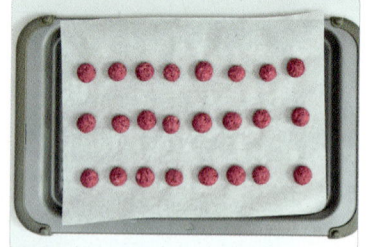

4 ③을 동그랗게 말아준 뒤 에어프라이어에 넣고 160도로 약 15분간 구워주면 완성!

TIP

- 만들 때 대량 생산해서 냉동해 둘 수 있습니다. 해동 시에는 전자레인지 보다는 에어프라이어에서 2~3분 정도 돌려주는 걸 추천합니다.

메뉴 18

사과치즈말이

조금 특별한 핑거푸드를 만들고 싶다면 여기를 주목하세요.
아삭아삭한 식감에 달콤한 맛으로 많은 아이가 좋아하는
사과에 치즈를 더해 봤으니까요. 간단한 아침으로도 좋고
간식 대용으로도 훌륭한 레시피, 지금 공개합니다!

2회분

15 min

재료

- [ ] 사과 ¼개
- [ ] 아기 치즈 1장

만드는 법

1 사과를 아기가 잡고 먹기 좋은 크기인 7~8cm로 썰어준다.

2 전자레인지용 찜기에 사과를 넣고 약 2분간 돌린다.

3 아기 치즈 위에 찐 사과를 올려 돌돌 말아준다.

4 아기가 손가락으로 집어먹을 수 있는 두께로 적당히 썰어준다.

TIP

- 마지막에 사과치즈말이를 썰 때 두께는 1~2㎝ 정도로 잡아주면 충분합니다.

소고기밥머핀

아이에게 조금 색다른 재미를 주기 위해
밥으로 머핀을 만들어 보았어요.
아이 성장에 꼭 필요한 소고기와 각종 야채까지 더해
영양까지 두루 잡았습니다.

3~4회분

25 min

재료

- [ ] 계란 1개
- [ ] 백미밥 100g
- [ ] 소고기 30g
- [ ] 양파 20g
- [ ] 브로콜리 20g
- [ ] 당근 20g

만드는 법

1 준비한 야채와 소고기를 잘게 다진 후 백미밥에 넣고 계란 1개를 추가해 잘 섞어준다.

2 머핀 틀에 ①을 나눠 담은 후 에어프라이어에 넣고 160도로 약 15분간 구워준다.

TIP

- 흰자 알레르기가 있는 아이들은 계란 1개 대신 노른자 2개로 대체해주세요.

메뉴
20

소고기밥볼

아이주도 이유식 초기 메뉴로 좋은 소고기밥볼입니다.
재료도 단순하고 만드는 법도 간단해 초보 부모들도
부담 없이 요리할 수 있는 레시피입니다.

2~3회분

15 min

재료

- [ ] 백미밥 80g
- [ ] 다진 소고기 50g

만드는 법

1 팬에 다진 소고기를 넣고 잘 볶아준다.

2 백미밥에 ①을 더한 뒤 골고루 섞는다.

3 ②를 동그랗게 뭉친 뒤 에어프라이어에 넣어 160도로 약 3분간 구워준다.

TIP

- 밥볼을 만들 때는 손에 물을 묻힌 뒤 동그랗게 말아주면 훨씬 더 잘 말아집니다.
- 소고기는 볶은 뒤 한 번 더 다져주면 아이가 조금 더 쉽게 먹을 수 있어요.

메뉴 21

소고기브로콜리치즈밥볼

앞서 소개한 소고기밥볼에 브로콜리와 아기 치즈를 추가해
맛과 풍미를 더욱더 높여봤어요.
이번에도 역시 만드는 법은 매우 간단하답니다!

3~4회분

20 min

재료

- [ ] 백미밥 100g
- [ ] 다진 소고기 60g
- [ ] 브로콜리 40g
- [ ] 아기 치즈 1장

만드는 법

1 브로콜리를 다지기로 잘게 다져 준다.

2 팬에 다진 소고기와 다진 브로콜리를 넣고 잘 볶아준다.

3 백미밥에 ②와 아기 치즈 1장을 넣은 뒤 골고루 섞는다.

4 ③을 동그랗게 말아 에어프라이어에 넣어 160도로 3분간 구워주면 완성!

TIP

- 볼을 만들 때는 손에 물을 묻힌 뒤 동그랗게 말아주면 훨씬 더 잘 말아집니다.

메뉴
22

소고기애호박밥스틱

애호박 본연의 맛은 생각보다 꽤 달달하다는 것을 알고 계신가요?
익히면 부드러워지고 달콤함이 배가 되어서 아이들을 위한
이유식 식재료로 딱이랍니다. 그런 애호박과 소고기를 더해
한 끼 식사로 든든한 밥스틱을 만들었습니다.

2회분

15 min

재료

- [ ] 백미밥 60g
- [ ] 애호박 50g
- [ ] 다진 소고기 50g

만드는 법

__1__ 애호박을 다지기로 잘게 다져준다.

__2__ 팬에 다진 소고기를 볶다가 소고기가 익으면 애호박을 더해 잘 볶아준다.

__3__ 백미밥에 ②를 넣고 잘 섞는다.

__4__ ③을 둥글고 길게 말아 에어프라이어에 넣고 160도로 약 4분간 돌려준다.

TIP

- 다진 소고기는 볶아준 후에 한 번 더 다져주면 조금 더 부드러운 식감을 만들 수 있습니다.
- 아기가 손에 쥐기 쉬운 6~7㎝ 정도로 만들어 주는 게 좋아요.

메뉴
23

소고기야채스틱

편식 없이 뭐든지 골고루 잘 먹는 아이로
성장하길 원한다면 이 메뉴를 추천합니다.
소고기를 필두로 느타리버섯과 브로콜리, 애호박까지 골고루 들어있어
아이의 미각을 자극하며 영양분을 충분히 채워줄 수 있어요.

5~6회분

20 min

재료

- 소고기 100g
- 느타리버섯 50g
- 브로콜리 40g
- 애호박 40g
- 쌀가루 1큰술

만드는 법

1 소고기를 다지기로 잘게 다져준다.

2 애호박과 느타리버섯, 브로콜리도 다지기로 잘게 다진다.

3 ①과 ②를 합치고 쌀가루를 더한 뒤 손으로 치대면서 반죽한다.

4 ③을 스틱 모양으로 만든 후 에어프라이어에 넣어 170도로 약 15분간 구워준다.

TIP

- 반죽을 많이 치댈수록 겉면이 매끈한 스틱을 만들 수 있어요.
- 아이가 엄지와 검지로 집어먹을 수 있게 될 때쯤 작고 동그란 볼로 만들어 응용할 수 있습니다.
- 스틱 모양의 반죽 상태로 냉동해 두었다가 먹기 전에 구워주면 식사 준비 시간을 절약할 수 있어요.

메뉴 24

소고기완자

한 번 만들어두면 여러 요리에 활용할 수 있는 소고기완자입니다.
각종 야채를 더해 만들어 맛과 영양 두 마리 토끼를 모두 잡았어요!

5~6회분

25 min

재료

- ☐ 소고기 100g
- ☐ 당근 20g
- ☐ 브로콜리 20g
- ☐ 애호박 20g
- ☐ 느타리버섯 20g
- ☐ 쌀가루 조금

만드는 법

1 소고기를 다지기로 잘게 다져준다.

2 애호박과 느타리버섯, 당근, 브로콜리도 다지기로 잘게 다진다.

3 ①과 ②를 합치고 쌀가루를 더한 뒤 손으로 치대면서 반죽한다.

4 ③을 동그란 모양으로 만든 후 에어프라이어에 넣어 170도로 약 15분간 구워준다.

TIP

- 배도라지즙이나 사과퓌레를 조금 넣어주면 자연스러운 단맛이 풍미를 끌어올려줘서 더 맛있습니다.

닭안심소시지

닭고기 안심으로 만든 초록색 소시지입니다.
각종 야채와 닭 안심, 그리고 감자전분과 마늘 가루를 더해 만들어
쫀득하면서도 맛있답니다.

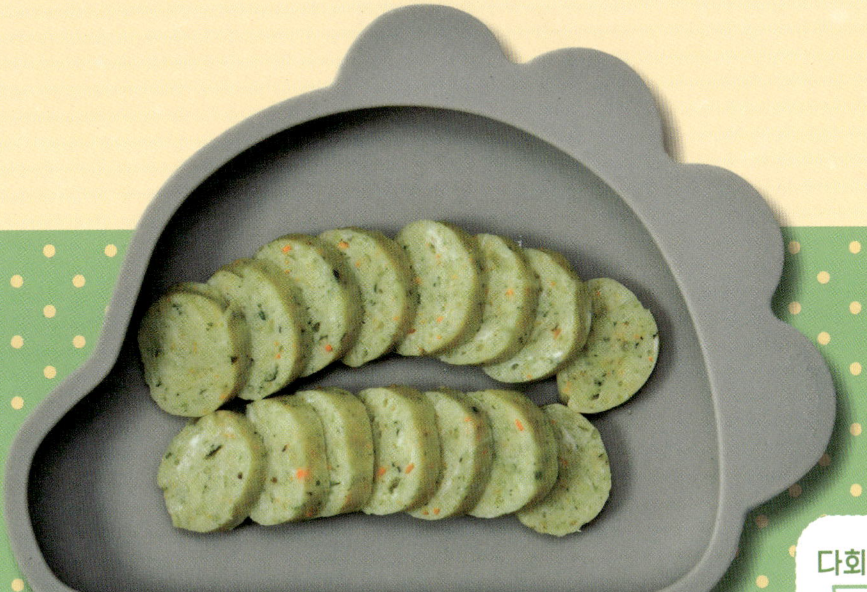

다회 제공량

50 min

재료

- ☐ 닭 안심 100g
- ☐ 청경채 50g
- ☐ 당근 30g
- ☐ 양파 30g
- ☐ 우유 100㎖
- ☐ 감자전분 2큰술
- ☐ 마늘 가루 조금

만드는 법

1 닭 안심의 힘줄을 제거한 뒤 우유에 20분간 재워둔다.

2 청경채와 양파, 당근은 다지기에 넣고 곱게 다져준다.

3 ①을 깨끗하게 씻어낸 뒤 다지기로 곱게 다진다.

4 ②와 ③을 합친 뒤 감자전분, 마늘 가루를 더해 치대면서 반죽한다.

5 닭고기 반죽을 종이 호일에 올려 김밥 말듯이 말아준 후 양 옆을 꼬아서 묶는다.

6 물이 끓어오르기 시작한 찜기에 ⑤를 넣고 15분간 쪄주면 완성!

TIP

- 청경채 대신 시금치를 사용해도 맛있습니다. 냉장고에 있는 여러 가지 야채를 응용해서 만들어 줄 수 있어요.
- 에어프라이어나 오븐을 이용하는 것보다는 찜기에 올려서 찌는 게 좀 더 부드러운 식감을 만들 수 있습니다.

메뉴 26

시금치김노른자밥볼

시금치는 아이들에게 조금 낯선 식재료일 테지만,
담백한 계란 노른자와 고소한 김이 더해지면 이야기가 달라집니다.
초록빛의 동글동글한 밥볼은 아이들의 호기심도 자극할 테죠.
입이 짧고 편식이 심한 아이도 부담감 없이 먹을 수 있는 레시피예요!

2~3회분

25 min

재료

- [ ] 계란 노른자 1개
- [ ] 아기 김 1포
- [ ] 백미밥 100g
- [ ] 시금치 50g
- [ ] 참기름 조금

만드는 법

1 시금치를 끓는 물에 넣어 한 번 데쳐준다.

2 찐 계란에서 노른자만 분리해 체로 곱게 거른다. 시금치는 잘게 썰고, 김은 부숴준다.

3 백미밥에 ②의 재료를 모두 넣고 골고루 섞는다.

4 ③을 동그랗게 말아준 뒤 에어프라이어에 넣고 160도로 약 3분간 구워준다.

TIP

- 시금치를 데칠 때는 끓는 물에 굵은 소금을 넣어주면 보다 선명한 초록색을 만들 수 있습니다.

연어김밥볼

가시를 미리 발라둔 순살 연어를 주재료로 활용해 김밥볼을 만들어 봅시다.
부드러운 연어와 마요네즈, 그리고 김의 만남에
아이들은 두 팔 벌려 환영할 거예요.

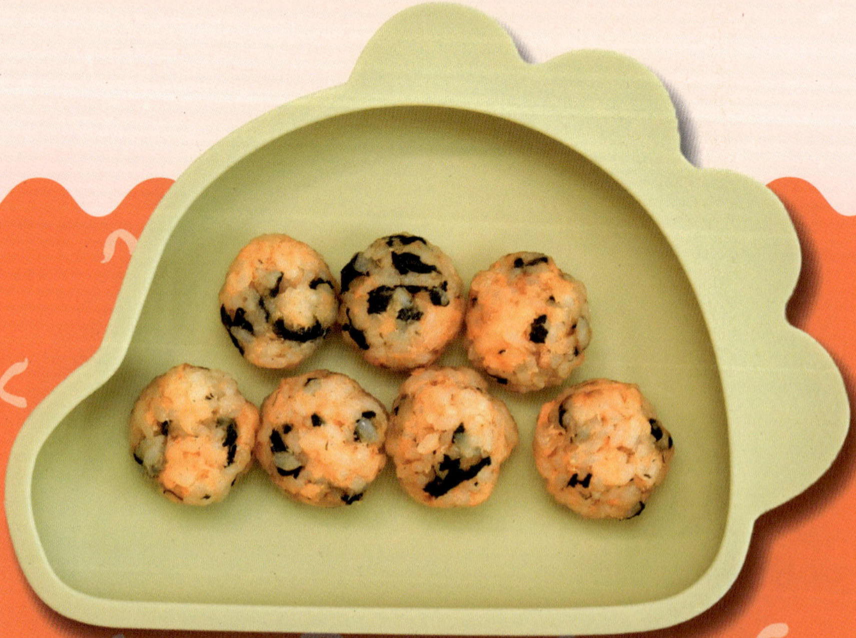

3회분

20 min

재료

- ☐ 순살 연어 1토막
- ☐ 아기 김 2장
- ☐ 백미밥 100g
- ☐ 마요네즈 조금
- ☐ 올리브오일 조금

만드는 법

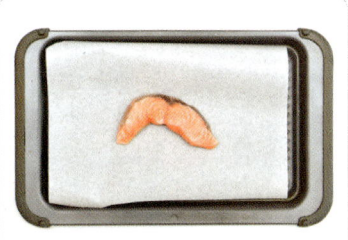

1 순살 연어 앞뒤로 올리브오일을 조금 바른 뒤 에어프라이어에 넣고 160도로 약 10분간 구워준다.

2 백미밥에 ①과 잘게 부순 김, 마요네즈를 조금 넣고 잘 섞어준다.

3 ②를 동그랗게 말아준 뒤 에어프라이어에 넣고 160도로 약 2분간 돌려주면 끝!

TIP

- 아직 어린 아이들의 경우 72p에서 만든 두부마요네즈를 활용하는 것이 좋습니다.

메뉴 28

인절미치즈밥볼

볶은 콩가루를 넣어 고소한 인절미 맛이 나는 밥볼입니다.
재료는 무척 간단하지만 맛은 그 어떤 밥볼보다 뛰어나 아이들이 잘 먹어요.

2회분

15 min

재료

- 백미밥 80g
- 볶은 콩가루 50g
- 아기 치즈 1장

만드는 법

1 아기 치즈를 작게 잘라 백미밥과 잘 섞어준다.

2 ①을 아기가 쥐고 먹을 수 있는 크기로 동그랗게 말아 콩가루 위에 굴려준다.

TIP

- 콩가루는 한번 익혀진 볶은 콩가루를 사용하는 게 좋습니다. 쌀 조청을 살짝 찍어먹으면 인절미를 먹는 느낌을 낼 수 있어요.

메뉴 29

토마토소고기밥볼

아이 성장 발달에 좋은 영양분이 가득 들어있는
토마토와 소고기를 더한 레시피입니다.
여기에 다진 마늘을 조금 추가해 감칠맛까지 끌어올렸습니다.

3회분

20 min

재료

- [ ] 백미밥 100g
- [ ] 토마토 50g
- [ ] 소고기 50g
- [ ] 다진 마늘 조금

만드는 법

1 소고기를 다지기로 잘게 다진다.

2 토마토에 십자가 모양으로 칼집을 낸 뒤 뜨거운 물에 10초간 데치고 찬물에 담가 껍질을 벗긴다.

3 기름을 살짝 두른 팬에 다진 마늘과 다진 소고기를 넣고 잘 볶아준다.

4 껍질 벗긴 토마토를 잘게 다진 후 ③에 넣어 함께 볶는다.

4장 | 핑거 푸드

만드는 법

5 잘 볶아진 재료를 밥에 넣고 골고루 섞어준다.

6 ⑤를 동그랗게 말아준 후 에어프라이어에 넣어 160도로 약 3분간 돌려준다.

TIP

- 토마토는 기름에 볶아주면 영양분 흡수에 더 좋습니다.
- 토마토 껍질은 목에 걸리기 쉬워 어린 아이에게 먹일 경우 벗겨서 조리하는 걸 추천합니다.

메뉴
30

페스토치즈스틱

바질페스토와 표고버섯페스토 두 가지를 활용한 치즈스틱이에요.
만드는 데 걸리는 시간은 단 5분이지만,
그 맛은 그 어떤 메뉴 못지 않게 훌륭하답니다!

2회분

5 min

재료

- ☐ 아기 치즈 2장
- ☐ 바질페스토 1작은술
- ☐ 표고버섯페스토 1작은술

만드는 법

1 치즈를 반으로 잘라 준비한다.

2 치즈 위에 바질페스토와 표고버섯페스토를 올려준다.

3 ②를 전자레인지에 1분간 돌려주면 완성!

TIP

- 치즈는 완전히 식힌 후 떼어내야 바닥에서 더 잘 떨어집니다.
- 부드러운 식감을 좋아하는 아기들은 전자레인지에 40초만 돌려주세요.

5장

NOODLE

속이 든든!
국수

메뉴
01

간장비빔칼국수

아이는 물론 엄마아빠의 입맛까지 사로잡을 메뉴예요.
한여름에 특히 잘 어울리죠. 매실액으로 감칠맛까지 더했습니다.

1~2회분
30 min

재료

- ☐ 칼국수 면 0.5인분
- ☐ 아기 김 2장
- ☐ 계란 1개
- ☐ 오이 50g
- ☐ 당근 50g
- ☐ 매실액 ½큰술
- ☐ 맛간장 ½큰술
- ☐ 참기름 ½큰술

만드는 법

1 당근은 채 썰어서 전자레인지용 찜기에 넣어 2분간 돌려준다.

2 칼국수 면의 전분가루를 털어낸 후 끓는 물에 넣어 5분간 삶아준다.

3 삶아낸 칼국수 면을 차가운 물로 깨끗이 씻어준다.

4 계란을 잘 풀어서 기름을 살짝 두른 프라이팬에 약불로 얇게 부쳐준 뒤 채 썬다.

5 칼국수 면에 나머지 재료를 넣고 비벼준 뒤 채 썬 지단과 오이, 당근, 잘게 부순 김을 올려준다.

TIP

- 완성된 요리에 다진 마늘을 넣어서 함께 비비면 어른들도 맛있게 먹을 수 있어요!

곰탕국수

바쁜 엄마아빠를 위해 정말 간단하면서도 맛있는 메뉴를 준비해봤습니다.
바로 곰탕국수가 그 주인공이에요. 시중에 판매되고 있는 사골 육수를 활용한다면
뼛속까지 든든해지는 국수 한 그릇을 만들 수 있어요.

1회분
10 min

재료

- 소면 50g
- 한우 사태 30g
- 사골 육수 200㎖
- 다진 파 조금
- 소금 조금

만드는 법

1 끓는 물에 소면을 넣고 4분간 삶아준 뒤 차가운 물에 비비면서 헹궈준다.

2 사골 육수에 한우 사태를 잘게 잘라서 넣어준다.

3 ②에 삶아둔 소면과 다진 파, 소금을 넣고 한 번 더 끓여준다.

TIP

- 소면 대신 칼국수면, 우동면 등을 사용해도 좋습니다.
- 한우 사태 대신 다른 소고기를 넣어도 됩니다.

메뉴 03

된장우동

야채 육수에 된장을 조금 풀어 슴슴하게 끓인 된장국에
우동면 하나만 딱 넣으면 꽤 그럴싸한 요리가 완성돼요.
알록달록 야채들까지 듬뿍 넣어서 보는 재미까지 더했답니다.
입 짧은 아이도 한 그릇 뚝딱 먹을 수 있는 된장우동을 함께 만들어봅시다!

2회분

15 min

재료

- ☐ 우동 1봉지
- ☐ 양파 30g
- ☐ 당근 30g
- ☐ 애호박 30g
- ☐ 야채 육수 500㎖
- ☐ 된장 1큰술

만드는 법

1 야채 육수에 된장을 잘 풀어서 끓여준다.

2 육수가 끓어오르면 얇게 썬 애호박과 양파, 당근을 넣고 끓인다.

3 또 다른 냄비에 물을 담아 끓이다가 우동면을 넣고 삶아준다.

4 우동면이 익으면 물기를 빼서 찬물에 한 번 헹궈준다.

5 그릇에 우동면을 담고 된장국물을 부어준다.

TIP

- 삶은 우동을 차가운 물로 한번 씻어주면 탱글탱글한 식감의 우동을 먹을 수 있습니다.

메뉴
04

두부김칼국수

기다란 칼국수는 아이들이 직접 손에 쥐고 먹기에 안성맞춤이에요. 비록 다 먹고 난 후 옷과 손, 얼굴에 덕지덕지 묻은 국수를 떼어내야 하는 번거로움이 있긴 하지만요. 그런 번거로움에도 불구하고 잘 먹는 아이를 보면 또 끓여주게 되는 마성의 두부김칼국수 레시피입니다.

1회분

20 min

재료

- ☐ 칼국수 0.5인분
- ☐ 두부 ¼모
- ☐ 아기 김 2장
- ☐ 야채 육수 500㎖
- ☐ 쪽파 조금
- ☐ 다진 마늘 조금
- ☐ 국간장 조금

만드는 법

1 야채 육수에 작게 깍둑썰기 한 두부와 잘게 부순 김을 넣고 끓여준다.

2 ①에 다진 마늘과 국간장을 넣어 간을 해준다.

3 육수가 보글보글 끓어오르면 전분가루를 탈탈 털어낸 칼국수 면을 넣어준다.

4 면이 익으면 쫑쫑 썬 쪽파를 넣고 한 번 더 끓여준다.

TIP

- 칼국수의 전분가루를 잘 털어내지 않으면 국물이 걸쭉해집니다. 면을 넣기 전 반드시 전분가루를 잘 털어내세요.

두부콩국수

집에서 간단하게 콩국물을 만들어서 먹는 콩국수예요.
한 번 만들 때 콩국물을 많이 만들어서 온가족이 함께 먹어도 좋답니다.
어른용에는 취향에 따라 소금이나 설탕을 더 넣어서
추가로 간을 해주는 것 잊지 마세요!

재료

- [ ] 소면 20g
- [ ] 두부 ¼모
- [ ] 우유 150㎖
- [ ] 땅콩버터 1큰술
- [ ] 통깨 1큰술
- [ ] 소금 조금

만드는 법

1 뜨거운 물에 두부를 넣어 한 번 데쳐준다.

2 믹서기에 우유와 데친 두부, 땅콩버터, 통깨, 소금을 모두 넣고 곱게 갈아준다.

3 끓는 물에 소면을 삶아준 뒤 찬물로 헹궈준다.

4 그릇에 소면을 담고 그 위에 콩국물을 부어 마무리한다.

TIP

- 간을 하지 않는 아기들의 경우 소금 생략 가능합니다. 땅콩버터만으로도 충분히 풍미를 느낄 수 있어요.

메뉴
06

들깨칼국수

들깨의 고소한 맛을 제대로 느낄 수 있는 들깨칼국수입니다.
다진 마늘과 국간장만으로 간을 했음에도 불구하고
진한 풍미가 우러나와 아이들도 정말 좋아해요.

1회분

25 min

재료

- ☐ 칼국수 0.5인분
- ☐ 무 40g
- ☐ 감자 40g
- ☐ 애호박 10g
- ☐ 양파 10g
- ☐ 당근 10g
- ☐ 야채 육수 500㎖
- ☐ 들깨가루 1큰술
- ☐ 다진 마늘 조금
- ☐ 국간장 조금

만드는 법

1 무는 얇게 채 썰어서 야채 육수에 넣고 5분간 끓여준다.

2 양파와 당근, 애호박, 감자를 채 썬 뒤 ①에 넣고 끓인다.

3 칼국수 면을 차가운 물에 살짝 씻어 전분가루를 제거해준 뒤 ②에 넣고 5분간 끓인다.

4 ③에 들깨가루와 다진 마늘, 국간장을 넣고 한 번 더 끓여준다.

TIP

- 칼국수의 전분가루를 잘 털어내지 않으면 국물이 걸쭉해집니다. 면을 넣기 전 반드시 전분가루를 잘 털어내세요.
- 칼국수 면을 차가운 물에 헹구는 시간이 길어지면 면이 잘 끊어져요. 전분가루가 제거될 정도로만 살짝 헹군 뒤 바로 육수에 넣어 삶아주는 게 좋아요.

메뉴
07

매생이칼국수

매생이를 활용해 칼국수를 만들어보았어요.
기존 칼국수 레시피에 매생이를 추가하는 것만으로도
색다른 맛을 즐길 수 있으니 한 번 만들어보세요!

1회분

25 min

재료

- ☐ 동결 건조 매생이 1개
- ☐ 칼국수 0.5인분
- ☐ 무 40g
- ☐ 감자 40g
- ☐ 애호박 10g
- ☐ 양파 10g
- ☐ 당근 10g
- ☐ 야채 육수 500㎖
- ☐ 다진 마늘 조금
- ☐ 국간장 조금

만드는 법

1 야채 육수에 얇게 채 썬 무를 넣고 5분간 끓인다.

2 양파와 당근, 애호박, 감자를 채 썬 뒤 ①에 넣고 끓인다.

3 칼국수 면을 차가운 물에 살짝 씻어 전분가루를 제거해준 뒤 ②에 넣고 5분간 끓인다.

4 ③에 매생이와 다진 마늘, 국간장을 넣고 한 번 더 끓여 완성한다.

TIP

- 칼국수의 전분가루를 잘 털어내지 않으면 국물이 걸쭉해집니다. 면을 넣기 전 반드시 전분가루를 잘 털어내세요.
- 칼국수 면을 차가운 물에 헹구는 시간이 길어지면 면이 잘 끊어져요. 전분가루가 제거될 정도로만 살짝 헹군 뒤 바로 육수에 넣어 삶아주는 게 좋아요.
- 매생이는 열을 오랫동안 머금고 있기 때문에 충분히 식힌 후 아이에게 제공하세요.

메뉴
08

바지락칼국수

오동통한 바지락의 식감을 온전히 즐길 수 있는 바지락칼국수예요.
시원하고 개운한 국물 맛 또한 정말 매력적이죠.
남녀노소 누구나 좋아해 온 가족 한 끼 식사로도 제격입니다.

1회분

25 min

재료

- [ ] 칼국수 0.5인분
- [ ] 바지락 50g
- [ ] 애호박 10g
- [ ] 양파 10g
- [ ] 당근 10g
- [ ] 야채 육수 500㎖
- [ ] 다진 마늘 조금

만드는 법

1 바지락을 깨끗하게 씻은 뒤 차가운 물에 넣고 한 번 삶아준다.

2 삶은 바지락은 살만 따로 분리한다. 바지락 삶은 물은 윗물만 따라 냄비에 부어준다.

3 양파와 당근, 애호박, 감자를 채 썬 뒤 육수에 넣고 끓여준다.

4 칼국수 면을 차가운 물에 살짝 씻어 전분가루를 제거해준 뒤 ③에 넣고 5분간 끓인다.

5 미리 손질해둔 바지락살과 다진 마늘을 넣어 한 번 더 끓여준 완성!

TIP

- 칼국수의 전분가루를 잘 털어내지 않으면 국물이 걸쭉해집니다. 면을 넣기 전 반드시 전분가루를 잘 털어내세요.
- 칼국수 면을 차가운 물에 헹구는 시간이 길어지면 면이 잘 끊어져요. 전분가루가 제거될 정도로만 살짝 헹군 뒤 바로 육수에 넣어 삶아주는 게 좋아요.

비트로제파스타

미리 만들어둔 기본 소스들 중 라구소스를 활용해서 파스타를 한 번 만들어봤어요.
붉은빛 라구소스에 비트 가루까지 더 해 아이들의 시선도 한 번에 사로잡았답니다.
보기에도 좋고 맛도 좋은 비트로제파스타입니다.

1회분

25 min

재료

- [ ] 라구소스 50g
- [ ] 리가토니 파스타 20g
- [ ] 비트 가루 5g
- [ ] 아기 치즈 1장
- [ ] 우유 100㎖
- [ ] 소금 조금
- [ ] 파슬리 조금

만드는 법

1 리가토니 파스타를 끓는 물에 15분간 삶아준다.

2 팬에 라구소스와 우유를 넣고 잘 풀어주면서 끓여준다.

3 ②에 아기 치즈 한 장을 넣고 녹여준다.

4 ③에 비트 가루를 넣고 3분간 중약불에서 끓여준다.

5 잘 삶아진 리가토니파스타 위에 소스를 얹고 파슬리를 뿌려주면 완성!

TIP

- 리가토니 파스타 대신 일반 스파게티 면이나 푸실리 면 등을 사용할 수 있습니다.
- 74p에서 소개한 라구소스를 이용했어요.

메뉴
10

어묵우동

개인적으로 정말 좋아하는 재료 중 하나인 어묵으로
깔끔하고 시원한 맛의 우동을 만들었습니다.
여기에 오징어볼과 다양한 야채까지 더해 영양도 사로잡았죠.
아이들도 정말 잘 먹는 어묵우동, 한 번 살펴볼까요?

1회분

20 min

재료

- [ ] 우동 0.5인분
- [ ] 오징어볼 30g
- [ ] 양파 20g
- [ ] 애호박 20g
- [ ] 느타리버섯 20g
- [ ] 어묵 20g
- [ ] 당근 10g
- [ ] 야채 육수 500㎖

만드는 법

1 어묵과 애호박, 양파, 당근은 얇게 채 썰어준다. 느타리버섯은 길게 찢어준다.

2 야채 육수에 ①의 재료와 오징어 볼을 넣고 10분간 끓여준다.

3 우동 면을 끓는 물에 넣어 2분간 데친다.

4 삶은 우동을 차가운 물에 헹궈준 후 ②에 넣고 3분간 끓여 마무리 한다.

TIP

- 어묵은 끓는 물에 한번 데쳐준 후 사용하는 게 좋습니다.
- 어묵에서 나오는 감칠맛으로 간을 하지 않아도 맛있게 먹을 수 있어요.

메뉴 11

잡채

단단한 재료부터 순서대로 넣어서
한 팬으로 손쉽게 만들 수 있는 잡채입니다.
맛간장과 쌀조청으로 맛을 내 아이들이 정말 좋아합니다.

2회분

30 min

재료

- [ ] 당면 50g
- [ ] 시금치 50g
- [ ] 소고기 30g
- [ ] 양파 20g
- [ ] 당근 20g
- [ ] 표고버섯 20g
- [ ] 맛간장 2큰술
- [ ] 쌀조청 2큰술
- [ ] 다진 마늘 조금
- [ ] 참기름 조금

만드는 법

1 준비한 소고기에 맛간장 1큰술과 쌀조청 1큰술, 다진 마늘을 넣고 무쳐서 5분간 재워둔다.

2 끓는 물에 당면을 넣고 10분간 익힌다.

3 기름을 두른 팬에 채 썬 양파와 당근을 넣고 중약불에서 볶다가 ①과 채 썬 표고버섯을 더해 같이 볶는다.

4 깨끗하게 씻은 시금치를 3등분한 후 ③에 넣고 볶아준다.

5 익힌 당면과 맛간장 1큰술과 쌀조청 1큰술을 ④에 더한 뒤 한 번 더 볶고 참기름을 부어서 마무리 한다.

카레우동

그동안 카레를 밥 위에 부어 먹기만 했나요?
그렇다면 한 번 우동과 함께 접목해 보세요.
우동 면발의 오동통한 식감과 카레 특유의 향이 잘 어우러져
우리 아이는 물론 엄마아빠도 함께 맛있게 먹을 수 있어요.

재료

- [ ] 우동 0.5인분
- [ ] 소고기 30g
- [ ] 애호박 20g
- [ ] 양파 20g
- [ ] 당근 20g
- [ ] 버터 5g
- [ ] 야채 육수 100㎖
- [ ] 카레가루 2큰술
- [ ] 다진 마늘 조금

만드는 법

1 끓는 물에 우동을 넣어 데친 후 차가운 물로 한 번 헹궈준다.

2 양파와 당근, 애호박을 다지기로 잘게 다진다.

3 버터를 두른 팬에 ②와 다진 마늘, 소고기를 넣고 볶아준다.

4 재료가 익으면 ③에 야채 육수를 넣고 끓여준다.

만드는 법

5 카레가루를 물에 잘 개어서 풀어 준 뒤 ④에 넣는다.

6 삶아둔 우동을 ⑤에 넣고 잘 섞어 주며 한 번 더 끓인다.

TIP

- 우동면은 데친 후 찬물로 헹궈야 쉽게 퍼지지 않습니다.

메뉴
13

크림우동

조금은 생소한 이름의 메뉴라 선뜻 만들기가 겁이 난다고요?
걱정은 NO, NO, NO! 크림우동은 생각보다 훨씬 만들기 쉽고
간편한데다가 맛도 좋답니다. 저와 함께 한 번 만들어볼까요?

1회분

15 min

재료

- ☐ 우동 0.5인분
- ☐ 브로콜리 40g
- ☐ 소고기 30g
- ☐ 양파 20g
- ☐ 당근 20g
- ☐ 애호박 20g
- ☐ 버터 5g
- ☐ 아기 치즈 1장
- ☐ 우유 200㎖
- ☐ 다진 마늘 조금
- ☐ 소금 조금

만드는 법

1 우동은 끓는 물에 데친 후 차가운 물로 한 번 헹궈준다.

2 양파와 당근, 애호박은 다지기로 잘게 다져준다.

3 버터를 두른 팬에 ②와 다진 마늘, 소고기를 넣고 중불에서 볶는다.

4 소고기가 익으면 잘게 자른 브로콜리를 더해 마저 볶아준다.

만드는 법

5 ④에 우유를 넣고 중약불에서 5분 간 끓인다.

6 재료가 다 익을 때쯤 아기 치즈 한 장을 넣고 섞어준다.

7 삶은 우동과 소금을 ⑥에 넣고 한 번 더 끓여 마무리한다.

TIP

- 우유를 끓일 때 너무 강한 불로 오랜 시간 끓이면 우유의 단백질이 분리될 수 있으니 중약불로 끓여주는 게 좋습니다.
- 우동면은 데친 후 찬물로 헹궈야 쉽게 퍼지지 않습니다.

메뉴
14

토마토볶음우동

토마토의 새콤달콤한 맛과 간장의 감칠맛이 잘 어우러지는 볶음우동이에요. 아이들을 위한 특별식으로도 좋지만, 어른들을 위한 메뉴로도 안성맞춤이랍니다.

1회분

15 min

재료

- 우동 0.5인분
- 방울토마토 3개
- 소고기 30g
- 브로콜리 20g
- 양파 20g
- 느타리버섯 20g
- 버터 5g
- 맛간장 ½큰술
- 다진 마늘 조금

만드는 법

1 끓는 물에 우동을 데친 후 차가운 물로 한 번 헹궈준다.

2 버터를 두른 팬에 다진 마늘과 다진 양파를 넣고 중앙불에서 볶아준다.

3 양파가 투명하게 익으면 소고기를 넣고 볶아준다.

4 고기가 반 정도 익었을 때 작게 자른 브로콜리와 느타리버섯, 방울토마토를 넣고 함께 볶는다.

5 야채가 익으면 우동면과 맛간장을 넣고 3분간 볶아주면 완성!

TIP

- 우동면은 데친 후 찬물로 헹궈야 쉽게 퍼지지 않습니다.

메뉴 15

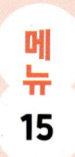

토마토국수

더운 여름에 비빔국수 대신 맛있게 먹을 수 있는 토마토국수 입니다.
시원하고 달콤해서 더위에 빼앗긴 입맛도 확 사로잡을 수 있죠.
간을 조금 더 해서 엄마아빠도 같이 먹을 수 있어요.

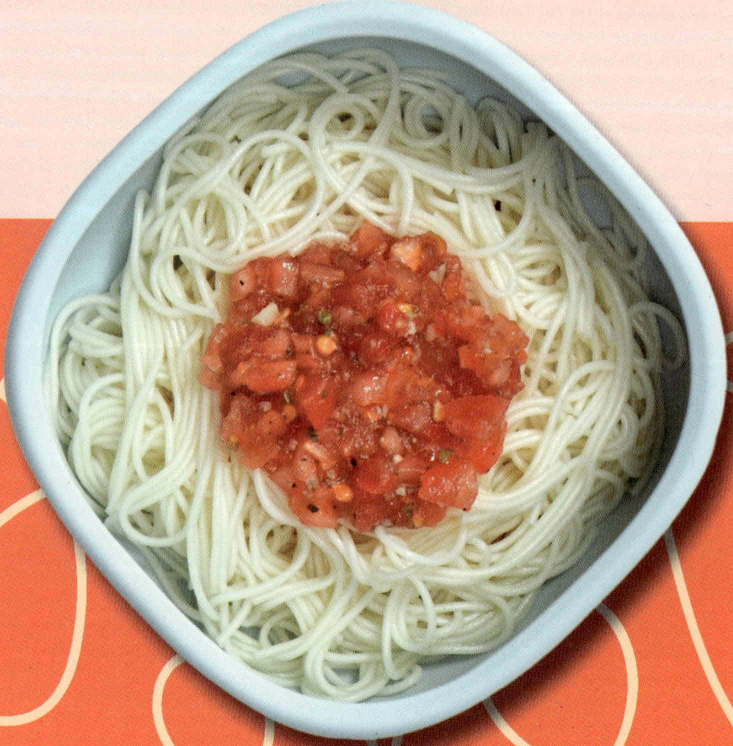

2회분

15 min

재료

- [ ] 토마토 1개
- [ ] 소면 50g
- [ ] 매실액 1큰술
- [ ] 레몬즙 1큰술
- [ ] 아가베시럽 1큰술
- [ ] 올리브오일 1큰술
- [ ] 바질 조금
- [ ] 오레가노 조금
- [ ] 다진 마늘 조금

만드는 법

1 토마토는 십자로 칼집을 내 뜨거운 물에 데친 후 차가운 물에 넣어 껍질을 벗긴다.

2 끓는 물에 4분간 소면을 삶아준 후 찬물에 헹궈 준비한다.

3 껍질을 벗긴 토마토를 잘게 다진 뒤 나머지 재료를 모두 넣어 잘 섞어준다.

4 삶은 소면 위에 ③을 얹어 비벼주면 완성!

TIP

- 다진 마늘은 생략 가능 합니다.
- 아이에게 소면을 제공할 때는 너무 길지 않게 잘라주는 것이 좋습니다.

메뉴 16

치킨누들수프

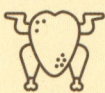

서양에서는 감기에 걸렸을 때 보양식으로 먹는 치킨누들수프입니다.
원래 레시피에서는 에그누들로 만들지만,
아이들이 집어먹기 쉬운 푸실리로 만들어 보았어요.

1회분

20 min

재료

- ☐ 닭 안심 50g
- ☐ 푸실리 30g
- ☐ 당근 20g
- ☐ 양파 20g
- ☐ 샐러리 20g
- ☐ 버터 5g,
- ☐ 월계수잎 1장
- ☐ 닭 육수 300㎖
- ☐ 파슬리 가루 조금
- ☐ 마늘 가루 조금

만드는 법

1 당근과 양파, 샐러리를 다지기로 다져준다.

2 버터를 두른 팬에 다진 야채를 넣어 볶아준다.

3 닭 안심의 힘줄을 제거한 뒤 작게 잘라 ②에 넣고 같이 볶아준다.

4 재료가 어느 정도 익으면 육수와 마늘 가루, 월계수잎을 더하고 중불에서 5분간 끓인다.

5 끓는 물에서 5분간 익혀준 푸실리를 ④에 넣고 5분 더 끓여준다. 마지막으로 파슬리 가루를 뿌려 마무리한다.

TIP

- 푸실리 대신 소면이나 칼국수 면을 이용해도 맛있는 치킨누들수프를 만들 수 있습니다.

RISOTTO & SOUP

영양 만점
죽과 수프

메뉴 01

감자당근오트밀포리지

오트밀은 철분이 매우 풍부해 아이들 영양에 매우 좋은 식재료입니다.
그런 오트밀을 활용해 아주 간단한 포리지를 만들어봤어요.
감자와 당근까지 들어있어 한 끼 식사로 든든하답니다.

2회분

15 min

재료

- [ ] 오트밀 30g
- [ ] 감자 10g
- [ ] 당근 10g
- [ ] 우유 100㎖

만드는 법

1 감자와 당근을 다지기로 잘게 다져준다.

2 오트밀을 우유에 10분간 불려준다.

3 우유에 불린 오트밀을 냄비에 넣고 중약불로 끓여준다.

4 ③에 다진 감자와 당근을 넣고 야채가 다 익을 때까지 같이 끓이면 완성!

TIP

- 시간이 없을 때는 오트밀을 불리지 않고 우유에 바로 넣고 끓이면서 만들어도 됩니다.

메뉴
02

고구마오트밀포리지

고구마를 넣어 부드럽고 달콤한 포리지예요.
편식이 심한 아이도 맛있게 먹기로 유명한 메뉴 중 하나죠.
만드는 법도 무척 쉽고 간단해서 바쁜 날 후다닥 만들어주기에 좋아요!

2회분

15 min

재료

- [ ] 고구마 50g
- [ ] 오트밀 30g
- [ ] 우유 100㎖

만드는 법

1 오트밀을 우유에 넣어 10분간 불려준다.

2 고구마를 작게 잘라 전자레인지용 찜기에 넣고 5분간 돌린다.

3 ①을 냄비에 넣고 중약불로 끓여준다.

4 찐 고구마를 으깬 뒤 ③에 넣고 잘 섞어준다.

TIP

- 시간이 없을 때는 오트밀을 불리지 않고 우유에 바로 넣고 끓이면서 만들어도 됩니다.

바나나오트밀포리지

지금까지 소개한 오트밀포리지 레시피 중에 가장 쉽고 간단한 것입니다.
하지만 맛까지 간단한 것은 아니죠. 아이들이 좋아하는 바나나를 듬뿍 넣어
한 입 먹으면 입안에 달콤함이 사르르 퍼져나가는
바나나오트밀포리지, 지금 시작합니다!

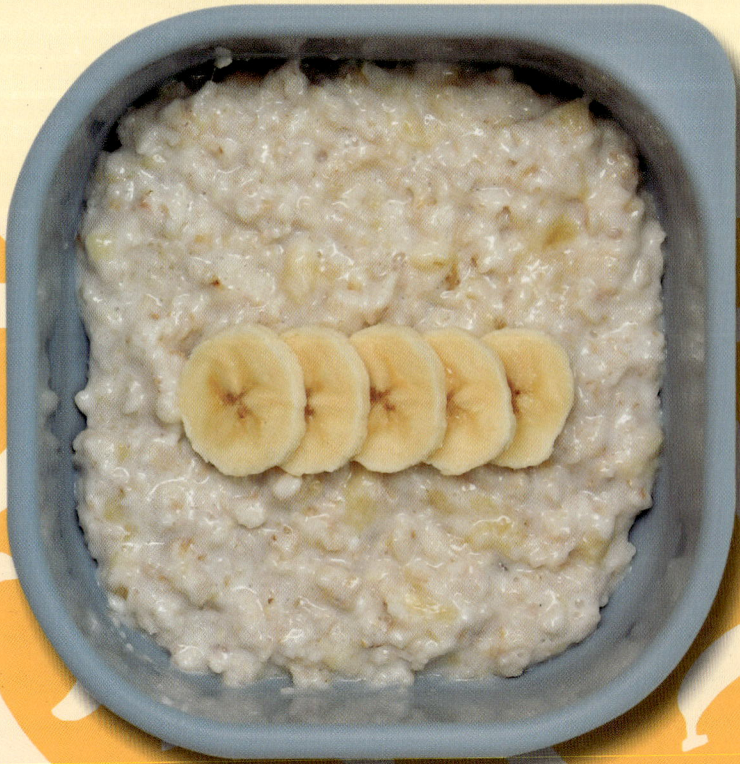

2회분

15 min

재료

- [ ] 작은 바나나 1개
- [ ] 오트밀 30g
- [ ] 우유 100㎖

만드는 법

1 오트밀을 우유에 10분간 불려준다.

2 우유에 불린 오트밀을 냄비에 넣고 중약불로 끓여준다.

3 ②를 그릇에 담고 으깬 바나나를 더해 잘 섞어준다.

4 바나나를 얇게 잘라 ③에 올려준다.

TIP

- 시간이 없을 때는 오트밀을 불리지 않고 우유에 바로 넣고 끓이면서 만들어도 됩니다.

게살수프덮밥

부드러운 게살수프덮밥을 크래미로 만들 수 있다는 사실,
알고 계신가요? 만드는 법도 쉽고 간단하답니다.
아이들은 물론 어른들도 너무나 좋아해요!

2회분

25 min

재료

- 백미밥 100g
- 크래미 50g
- 당근 30g
- 애호박 30g
- 양파 30g
- 팽이버섯 20g
- 표고버섯 10g
- 계란 1개
- 야채 육수 200㎖
- 다진 마늘 조금
- 다진 파 조금
- 참기름 조금

만드는 법

1 냄비에 기름을 조금 두르고 다진 마늘과 다진 파를 넣어 볶으면서 파기름을 만든다.

2 양파와 당근, 애호박을 얇게 채 썬 후 ①에 넣고 볶아준다.

3 밑둥을 제거해 가로로 반 자른 팽이버섯과 얇게 채 썬 표고버섯을 ②에 넣어 같이 볶아준다.

4 ③에 야채 육수를 넣고 보글보글 끓여준다.

만드는 법

5 육수가 어느 정도 끓어오르면 크래미를 결대로 찢어서 넣고 5분간 끓여준다.

6 재료가 익으면 미리 풀어둔 계란물을 빙 둘러주며 붓고 뚜껑을 덮은 뒤 1분간 더 끓여준다.

7 국물이 자작하도록 졸여준 후 백미밥 위에 부어주고 참기름을 두 방울 떨어트려준다.

TIP

- 크래미는 뜨거운 물에 한번 데쳐서 사용하는 게 좋습니다.
- 야채에서 단맛이 올라오도록 충분히 볶아주세요.
- 아기용 덮밥 소스에 간장과 굴소스를 조금 추가하면 어른들도 맛있게 먹을 수 있어요.

메뉴 05

고구마무스

고구마와 버터, 우유는 그야말로 환상의 조합이죠.
남녀노소 모두가 좋아하는 부드럽고 달콤한
고구마무스 레시피를 지금 소개합니다!

2회분

15 min

재료

- 고구마 150g
- 버터 10g
- 우유 30㎖

만드는 법

1 고구마의 껍질을 벗긴 후 작게 잘라 전자레인지용 찜기에 넣고 6분간 돌려준다.

2 전자레인지에서 고구마를 꺼내 뜨거울 때 잘 으깨준다.

3 으깬 고구마에 우유와 버터를 넣고 잘 섞어준다.

TIP

- 고구마는 뜨거운 상태로 으깨야 잘 으깨집니다.
- 찐 고구마나 구운 고구마를 사용해도 손쉽게 만들 수 있습니다.
- 전자레인지용 찜기를 사용할 때는 물을 조금 넣어주세요. 수증기로 인해 고구마를 촉촉하게 찔 수 있어요.

메뉴
06

버섯크림리소토

기본 소스로 배운 표고버섯페스토를 활용해 크림 리소토를 만들어 보세요.
담백하면서도 고소한 맛이 있어 아이들도 정말 좋아합니다.
아기 치즈 대신 체다치즈를 넣으면 어른들도 함께 즐길 수 있어요.

1회분

20 min

만드는 법

1 버터를 두른 팬에 다진 마늘과 양파를 넣고 중약불로 볶아준다.

2 표고버섯은 얇게 썬 뒤 ①에 더해 같이 볶아준다.

3 버섯이 익으면 우유를 넣고 끓인다.

4 ③에 버섯페스토를 넣고 잘 풀어가며 끓여준다.

만드는 법

5 ④에 준비한 백미밥을 넣고 마저 끓인다.

6 마지막으로 아기 치즈 한 장을 올려 마무리한다.

TIP

- 우유 대신 분유나 두유를 활용해서 만들 수 있습니다.
- 78p에서 소개한 표고버섯페스토를 이용했어요.

새우크림리소토

크림소스로 만든 리소토는 좋아하지 않을 수가 없죠.
여기에 탱글탱글한 새우살까지 가득 들어가면 그야말로 게임 끝입니다.
밥 먹기 싫어하는 아이들도 즐겁게 먹을 수 있는
새우크림리소토 레시피를 함께 살펴봐요.

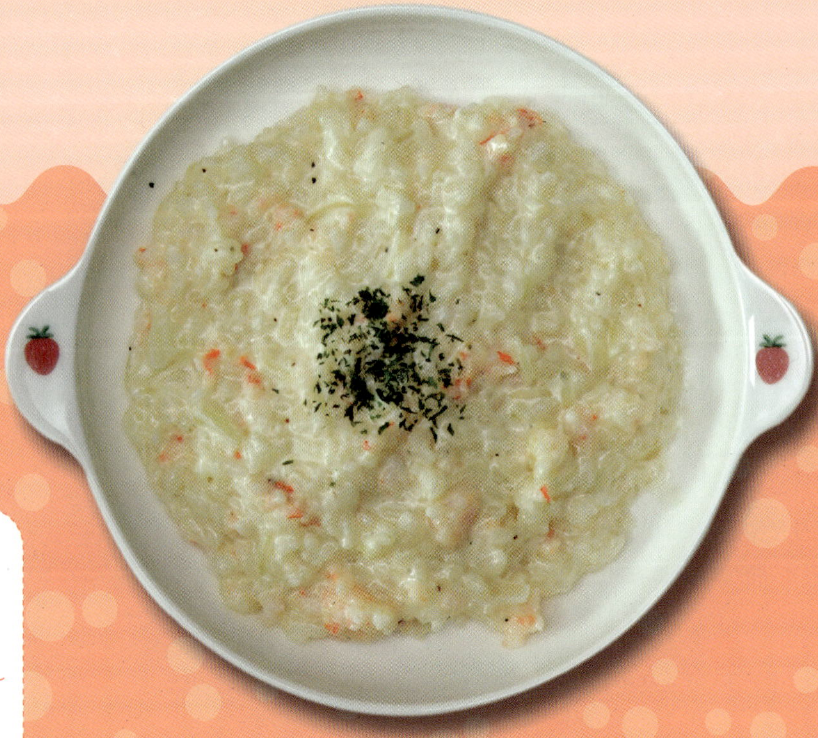

1~2회분

20 min

재료

- 백미밥 60g
- 양파 30g
- 새우 30g
- 아기 치즈 1장
- 우유 100㎖
- 다진 마늘 조금
- 버터 조금

만드는 법

1 버터를 두른 팬에 다진 마늘과 다진 양파를 넣고 중약불에서 볶아준다.

2 준비한 새우를 잘게 다진 후 ①에 넣고 같이 볶아준다.

3 새우가 익을 때쯤 우유와 아기 치즈를 추가해 익혀준다.

4 ③에 백미밥을 넣고 조금 더 끓여준다.

TIP

- 우유 대신 분유나 두유를 넣고 만들 수 있습니다.

메뉴 08

단호박크림리소토

단호박의 진한 풍미를 한껏 끌어올린 메뉴입니다.
다진 소고기와 양파, 치즈까지 더해 영양도 사로잡았죠.
아이에게 색다른 맛과 재미를 선사할 단호박크림리소토 레시피를 공개합니다.

1~2회분

25 min

재료

- ☐ 백미밥 100g
- ☐ 단호박 100g
- ☐ 다진 소고기 50g
- ☐ 양파 30g
- ☐ 버터 10g
- ☐ 아기 치즈 1장
- ☐ 우유 200㎖
- ☐ 다진 마늘 조금

만드는 법

1 양파를 다지기에 넣고 잘게 다져 준다.

2 단호박은 전자레인지용 찜기에 담아 5분간 돌려준다.

3 익힌 단호박과 우유를 믹서기에 넣고 곱게 갈아준다.

4 팬에 버터를 바른 후 다진 양파를 넣고 중약불에서 볶아준다.

만드는 법

5 양파가 노릇하게 익을 때쯤 다진 소고기를 더해 함께 볶는다.

6 소고기가 익으면 ③을 붓고 끓인다.

7 수프가 걸쭉해질 때쯤 준비한 밥을 넣고 마저 끓여준다.

8 마지막으로 아기 치즈 한 장을 더해 조금 더 끓이면 완성!

TIP

- 양파를 익힐 때 너무 강한 불로 조리하면 타버릴 수 있어요. 약한 불에서 뭉근하게 익혀줘야 양파의 단맛이 올라와 더 맛있습니다.

메뉴
09

야채죽

우리가 주변에서 가장 쉽게 접할 수 있는 죽 중에 하나인
야채죽을 아이들을 위해 한 번 만들어봤어요.
아이들의 눈길을 사로잡기 위해 당근과 애호박, 새송이버섯, 양파 등
각양각색의 야채들을 활용해 보았습니다.

2~3회분

20 min

재료

- 백미밥 100g
- 당근 20g
- 애호박 20g
- 새송이버섯 20g
- 양파 20g
- 야채 육수 200㎖

만드는 법

1 준비한 야채를 다지기로 잘 다져 준다.

2 냄비에 다진 야채를 넣고 야채 육수를 조금씩 넣어가며 볶아준다.

3 볶은 재료에 백미밥을 더한 뒤 잘 볶아준다.

4 남은 야채 육수를 모두 붓고 끓이면서 졸여준다.

TIP

- 마지막으로 참기름 한 방울을 떨어트려 주면 더 맛있게 먹을 수 있습니다.
- 소개한 재료들 말고 냉장고에 있는 다양한 야채들을 활용해 만들어도 좋습니다.

메뉴 10

소고기미역죽

아이들 성장 발달에 무엇보다 중요한 철분!
그런 철분이 가득 들어있는 소고기와 미역으로 죽을 만들어보았어요.
들기름으로 감칠맛까지 더해서 아이들도 정말 잘 먹는답니다.

2회분

25 min

재료

- [ ] 백미밥 80g
- [ ] 불린 미역 50g
- [ ] 다진 소고기 50g
- [ ] 야채 육수 200㎖
- [ ] 다진 마늘 조금
- [ ] 국간장 조금
- [ ] 들기름 조금

만드는 법

1 불린 미역을 작게 썰고 냄비에 넣어 들기름과 다진 마늘을 추가해 5분간 중약불에서 볶아준다.

2 미역이 익으면 다진 소고기를 넣고 마저 볶는다.

3 소고기가 익을 때쯤 야채 육수를 넣고 국간장을 더해 5분간 끓인다.

4 ③에 백미밥을 넣고 10분 더 끓여준다.

TIP

- 미역은 깨끗한 물에 여러 번 주물러 가며 씻어주세요. 그래야 비린 내를 제거할 수 있습니다.
- 죽이 바닥에 눌러 붙지 않게 휘저어가며 끓여주세요. 중간중간 농도를 보며 육수를 추가해 줄 수 있습니다.

메뉴
11

표고버섯미역죽

소고기 대신 표고버섯으로 맛을 냈습니다.
표고버섯 특유의 진한 풍미가 오롯이 느껴져서 정말 좋아요.

2~3회분

20 min

재료

- ☐ 백미밥 100g
- ☐ 불린 미역 50g
- ☐ 표고버섯 50g
- ☐ 당근 20g
- ☐ 애호박 20g
- ☐ 양파 20g
- ☐ 야채 육수 200㎖

만드는 법

1 당근과 애호박, 양파, 표고버섯을 다지기에 넣어 잘 다져준다.

2 냄비에 불린 미역을 잘게 썰어놓고 육수를 조금씩 넣어가며 볶아준다.

3 미역이 잘 볶아지면 ①을 더해 마저 볶는다.

4 볶은 재료에 백미밥을 넣고 잘 저어준다.

5 ④에 남은 야채 육수를 모두 붓고 끓이면서 졸여준다.

TIP

- 먹기 전에 참기름 한 방울 떨어트려 주면 더 맛있습니다.

메뉴 12

소고기브로콜리죽

다양한 식재료의 맛을 아이가 느낄 수 있게 하고 싶다면
이 메뉴를 주목하세요.
브로콜리부터 양파, 당근 그리고 소고기를 잘게 다져 넣어
속까지 든든한 죽을 만들었습니다.

2회분

25 min

재료

- [ ] 백미밥 80g
- [ ] 소고기 50g
- [ ] 브로콜리 30g
- [ ] 양파 20g
- [ ] 당근 20g
- [ ] 야채 육수 200㎖
- [ ] 참기름 조금

만드는 법

1 냄비에 야채 육수를 조금 넣고 다진 당근과 양파를 볶아준다.

2 당근이 어느 정도 익으면 미리 다져놓은 소고기와 브로콜리를 더해 마저 볶는다.

3 소고기가 익을 때쯤 남은 야채 육수를 모두 넣고 끓인다.

4 ③에 백미밥을 넣고 10분간 끓이면서 걸쭉하게 졸이다가 불을 끈 후 참기름 두 방울을 떨어트려 완성한다.

TIP

- 참기름은 불을 끈 후 먹기 직전에 사용하는 게 좋습니다.

메뉴
13

매생이죽

겨울철 대표적인 제철 음식인 매생이로 죽을 한 번 끓여보세요.
초록빛의 보들보들한 식감이 아이들의 호기심을 자극할 겁니다.

2회분

25 min

재료

- [ ] 동결 건조 매생이 1개
- [ ] 백미밥 80g
- [ ] 양파 20g
- [ ] 당근 20g
- [ ] 야채 육수 200㎖
- [ ] 참기름 조금

만드는 법

1 당근과 양파를 다지기에 넣어 잘 다져준다.

2 ①을 냄비에 담은 뒤 야채 육수를 조금 넣고 살살 볶아준다.

3 당근과 양파가 어느 정도 익으면 나머지 야채 육수를 넣고 끓여준다.

4 동결 건조된 매생이 1개를 ③에 넣고 잘 풀어준 후 3분간 끓인다.

5 ④에 백미밥을 넣고 10분간 끓이면서 걸쭉하게 졸여준다.

6 불을 끈 후 참기름 두 방울 정도 떨어트리며 마무리한다.

TIP

- 참기름은 불을 끈 후 먹기 직전에 넣어주는 게 좋습니다.
- 기름으로 볶지 않고 육수를 자작하게 넣어 조리하면 야채의 깔끔한 단맛을 느낄 수 있습니다.
- 매생이는 열을 오랫동안 머금고 있기 때문에 충분히 식힌 후 아이에게 제공하세요.

치킨라이스수프

닭죽과 비슷한 느낌이지만 좀 더 감칠맛이 있는 요리랍니다.
샐러리를 더해 아삭한 식감을 더한 게 특징이죠.
간을 어떻게 하느냐에 따라 아이가 먹을 수도 있고, 어른도 먹을 수 있어 좋아요.

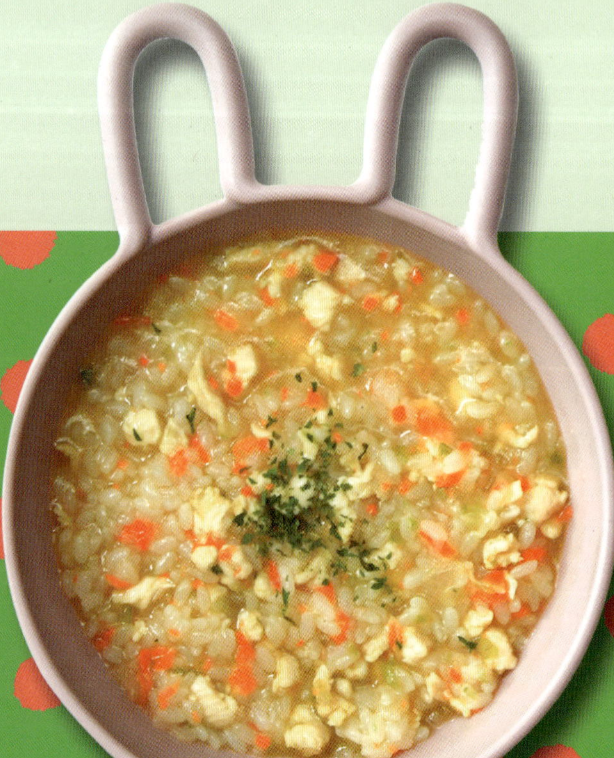

2회분

20 min

재료

- [ ] 백미밥 80g
- [ ] 닭 안심 50g
- [ ] 당근 20g
- [ ] 양파 20g
- [ ] 샐러리 20g
- [ ] 버터 5g
- [ ] 닭 육수 300㎖
- [ ] 월계수잎 1장
- [ ] 파슬리 가루 조금
- [ ] 마늘 가루 조금

만드는 법

1 당근과 양파, 샐러리를 다지기에 넣고 잘 다져준다.

2 버터를 두른 팬에 ①을 넣어 볶아준다.

3 닭 안심의 힘줄을 제거한 뒤 작게 잘라 ②에 더해 같이 볶아준다.

4 재료가 익으면 준비한 육수와 월계수잎, 마늘 가루를 넣고 중불에서 5분간 끓인다.

5 ④에 백미밥을 넣고 중불에서 5분간 끓이다가 그릇에 담아 파슬리를 살짝 뿌려준다.

TIP

- 샐러리는 익히면 강한 향이 없어지고 대신 감칠맛을 더해주는 식재료입니다. 어렵게 생각하지 마시고 꼭 한번 시도 해 보세요.

매시드포테이토

으깬 감자에 버터와 치즈를 넣어 부드러움을 한껏 끌어올렸어요.
아이가 어릴 땐 메인 메뉴로 먹을 수 있지만, 개월 수가 차
먹는 양이 늘어나게 되면 사이드 메뉴로 활용해도 좋습니다.

2회분

15 min

재료

- 감자 150g
- 버터 10g
- 아기 치즈 1장
- 우유 30㎖
- 파슬리 조금

만드는 법

1 감자의 껍질을 벗긴 후 작게 잘라 전자레인지용 찜기에 넣고 5분간 돌려준다.

2 전자레인지에서 감자를 꺼내 뜨거울 때 잘 으깨준 뒤 버터와 아기 치즈, 파슬리를 넣고 섞어준다.

3 감자 반죽의 농도를 보면서 우유를 넣고 잘 섞어 마무리한다.

TIP

- 감자는 뜨거운 상태로 으깨야 잘 으깨집니다.
- 전자레인지용 찜기를 사용할 때는 물을 조금 넣어주세요. 수증기로 인해 감자를 촉촉하게 찔 수 있어요.

메뉴 16

고구마수프

아이들이 가장 좋아하는 식재료 중 하나인
고구마를 활용한 수프 레시피입니다.
부드러우면서도 고소하고 또 달콤해서
입 짧은 아이도 한 그릇 뚝딱 해치운답니다.

3회분

20 min

재료

- ☐ 고구마 1개
- ☐ 양파 30g
- ☐ 버터 10g
- ☐ 우유 150㎖

만드는 법

1 고구마를 작게 썰어 전자렌지용 찜기에 넣고 5분간 쪄준다.

2 팬에 버터와 다진 양파를 넣고 볶아준다.

3 양파가 어느 정도 익으면 찐 고구마와 우유를 넣고 끓여준다.

4 ③을 믹서기에 넣고 갈아준 후 냄비에 넣고 한 번 더 끓여준다.

TIP

- 먹기 전에 생크림을 한두 스푼 올려주면 더 맛있습니다.

단호박수프

노란빛의 단호박수프는 저도 굉장히 좋아하는 메뉴입니다.
별다른 간을 하지 않아도 단호박 특유의 달콤함과 버터, 우유, 치즈가
어우러져 만들어내는 부드러움을 한껏 느낄 수 있어서 좋아요.

재료

- [ ] 단호박 150g
- [ ] 양파 50g
- [ ] 버터 10g
- [ ] 아기 치즈 1장
- [ ] 우유 200㎖

만드는 법

1 껍질을 벗긴 단호박을 전자레인지용 찜기에 넣고 5분간 돌려준다.

2 양파는 다지기로 잘게 다져준다.

3 냄비에 버터와 다진 양파를 넣고 잘 볶아준다.

4 양파가 익을 때쯤 찐 단호박을 추가해 볶아준다.

만드는 법

5 ④에 우유를 넣고 끓인다.

6 단호박이 익으면 ⑤를 믹서기에 넣고 곱게 갈아준다.

7 ⑥을 다시 냄비에 붓고 아기 치즈 한 장을 더한 뒤 한 번 더 끓인다.

TIP

- 단호박 한통을 손질하기가 어려울 때는 깍둑썰기 된 단호박을 구매하면 조금 더 편하게 요리할 수 있습니다.

메뉴 18

브로콜리크림수프

평범한 크림수프가 조금 지겨워졌다면 브로콜리를 한 번 더해보세요.
아이들의 시선을 확 사로잡을 초록빛의 부드러운 크림수프가 완성되니까요!

1~2회분

25 min

재료

- [ ] 브로콜리 50g
- [ ] 양파 20g
- [ ] 버터 10g
- [ ] 밀가루 10g
- [ ] 아기 치즈 1장
- [ ] 우유 100㎖
- [ ] 다진 마늘 조금

만드는 법

1 깨끗이 씻은 브로콜리를 끓는 물에 한 번 데친다.

2 기름을 두른 팬에 다진 마늘과 다진 양파를 넣고 중약불에서 볶아준다.

3 ②에 데친 브로콜리와 우유, 치즈를 넣고 끓인다.

4 ③을 믹서기에 넣고 곱게 갈아준다.

5 팬에 버터와 밀가루를 넣고 약불에서 볶아준다.

6 밀가루와 버터가 잘 볶아져 묽어지면 ④를 넣고 잘 섞어 마무리한다.

TIP

- 버터에 밀가루를 넣고 볶아주는걸 '루 만들기'라고 합니다. 이렇게 만들어진 루는 소스에 고소한 풍미를 더해주고 소스가 꾸덕한 질감이 되도록 돕습니다.
- 이 레시피에서 스파게티 면이나 밥을 넣어 파스타나 리소토로 응용할 수 있습니다.

메뉴 19

토마토치킨스튜

닭다리살과 각종 야채들을 듬뿍 넣어 깊고 진한 맛을 낸 스튜입니다.
크림스튜보다 산뜻한 맛이 있어서 아이들이 특히 잘 먹어요.

2회분

25 min

재료

- [ ] 토마토 1개
- [ ] 닭다리살 80g
- [ ] 브로콜리 20g
- [ ] 양파 20g
- [ ] 당근 20g
- [ ] 샐러리 10g
- [ ] 버터 10g
- [ ] 야채 육수 200㎖
- [ ] 토마토퓨레 2큰술
- [ ] 마늘 가루 조금

만드는 법

1 버터를 두른 팬에 작게 자른 당근과 양파, 샐러리를 넣고 볶아준다.

2 닭다리살은 껍질을 벗겨 지방을 제거한 뒤 작게 잘라준다. ①의 야채가 익으면 작게 자른 닭다리살을 넣고 같이 볶아준다.

3 닭다리살이 익으면 브로콜리를 작게 잘라 넣어 3분간 볶아준다.

4 ③의 재료가 익으면 야채 육수와 작게 자른 토마토, 토마토퓨레, 마늘 가루를 넣고 중불에서 10분간 끓여주면 완성!

TIP

- 야채의 단맛이 충분히 배어나도록 중불에서 충분히 볶아주는 게 좋습니다.
- 아기용은 덜어놓고 소금, 페퍼론치노를 추가하면 엄마아빠도 맛있게 먹을 수 있습니다.

7장

DESSERT

부족한 영양을 채워줄
간식

메뉴 01

감자부추찐빵

감자와 부추를 활용해 맛있는 찐빵을 만들어봤습니다.
밀가루 대신 쌀가루를 이용한 덕에 맛과 영양까지 두루 챙겼어요.
한 끼 식사로도 훌륭한 감자부추찐빵입니다.

3회분

20 min

재료

- 감자 60g
- 쌀가루 30g
- 부추 20g
- 아기 치즈 1장
- 계란 노른자 1개

만드는 법

1 감자는 작게 잘라 전자레인지용 찜기에 넣고 5분간 돌려준다.

2 전자레인지에서 감자를 꺼내 뜨거울 때 잘 으깨준 뒤 다진 부추와 계란 노른자, 쌀가루, 작게 자른 치즈를 넣어 반죽한다.

3 ②를 동그랗게 모양을 잡아준 뒤 찜기에 올려 10분간 쪄준다.

TIP

- 감자는 뜨거운 상태로 으깨야 잘 으깨집니다.
- 전자레인지용 찜기를 사용할 때는 물을 조금 넣어주세요. 수증기로 인해 감자를 촉촉하게 찔 수 있어요.

메뉴
02

감자치즈스콘

감자와 아몬드 가루, 버터가 만나면 맛있는 스콘이 됩니다.
여기에 치즈까지 더해 특유의 풍미를 가득 이끌어냈답니다.
아이 간식은 물론이거니와 어른들 디저트로도 손색없어요!

1~2회분

30 min

재료

- [ ] 감자 150g
- [ ] 아몬드 가루 50g
- [ ] 버터 20g
- [ ] 계란 노른자 1개
- [ ] 아기 치즈 1장

만드는 법

1 감자를 작게 잘라 전자레인지용 찜기에 넣은 후 5분간 돌려준다.

2 전자레인지에서 감자를 꺼내 뜨거울 때 잘 으깨준 뒤 아몬드 가루, 버터, 아기 치즈를 넣고 섞어가며 반죽한다.

3 ②를 동그랗게 만든 뒤 6등분으로 잘라 윗면에 계란 노른자를 펴 바른 다음 에어프라이어에 넣고 170도로 약 12분간 구워준다.

TIP

- 스콘 윗면에 계란 노른자를 꼭 발라줘야 합니다. 그래야 스콘을 구웠을 때 조금 더 먹음직스러운 색을 만들 수 있습니다.

메뉴 03

요거트바나나스콘

이번에는 바나나와 밀가루로 스콘을 만들어볼 차례입니다.
다른 메뉴보다 만드는 시간이 꽤 걸리지만, 한 번 만들어두면
아이 간식 고민을 한 번에 해결할 수 있어 좋아요.

8회분 · 60 min

재료

- [ ] 밀가루 250g
- [ ] 요거트 50g
- [ ] 버터 50g
- [ ] 계란 노른자 1개
- [ ] 바나나 ½개
- [ ] 베이킹파우더 1큰술
- [ ] 소금 조금
- [ ] 시나몬 가루 조금

만드는 법

1 밀가루와 베이킹파우더, 소금을 곱게 체친 후 차가운 버터를 잘게 잘라 함께 섞는다. 이때, 손으로 비벼가며 소보루같은 질감이 되도록 한다.

2 ①에 으깬 바나나와 요거트, 시나몬 가루를 넣고 밀가루가 흩날리지 않을 정도로 섞어준다.

3 반죽을 냉장고에 넣어서 30분간 휴지시킨 후 8등분 한다.

4 반죽 위에 계란 노른자를 발라준 후 에어프라이어에 170도로 약 20분간 구워주면 완성!

TIP

- 스콘 윗면에 계란 노른자를 발라주면 스콘을 구웠을 때 조금 더 먹음직스러운 색을 만들 수 있습니다.
- 버터는 차가운 상태로 사용해야 스콘의 질감을 살릴 수 있습니다.
- 스콘은 반죽을 대충하는 게 포인트 입니다. 글루텐이 형성되지 않도록 가루가 보이지 않는 상태 정도로 섞어주세요.

메뉴
04

요거트옥수수스콘

입안에서 톡톡 터지는 옥수수의 질감이 무척이나 매력적인 메뉴입니다.
탱글탱글한 옥수수알이 씹힐 때마다 아이의 얼굴에도 웃음이 번지죠.
고소하고 맛있어 누구나 잘 먹는 요거트옥수수스콘을 만들 이유입니다.

6회분

60 min

재료

- ☐ 밀가루 250g
- ☐ 요거트 50g
- ☐ 버터 50g
- ☐ 옥수수 50g
- ☐ 계란 노른자 1개
- ☐ 우유 2큰술
- ☐ 베이킹파우더 1큰술
- ☐ 소금 조금

만드는 법

1 밀가루와 베이킹파우더, 소금을 곱게 체친 후 차가운 버터를 잘게 잘라 함께 섞는다. 이때, 손으로 비벼가며 소보루같은 질감이 되도록 한다.

2 ①에 옥수수, 요거트, 우유를 넣고 밀가루가 흩날리지 않을 정도로 섞어준다.

3 반죽을 냉장고에 넣어서 30분간 휴지시킨 후 6등분 한다.

4 반죽 위에 계란 노른자를 발라준 후 에어프라이어에 170도로 약 20분간 구워주면 완성!

TIP

- 스콘 윗면에 계란 노른자를 발라주면 스콘을 구웠을 때 조금 더 먹음직스러운 색을 만들 수 있습니다.
- 버터는 차가운 상태로 사용해야 스콘의 질감을 살릴 수 있습니다.
- 스콘은 반죽을 대충하는 게 포인트 입니다. 글루텐이 형성되지 않도록 가루가 보이지 않는 상태 정도로 섞어주세요.

단호박스콘

이번에는 단호박으로도 스콘을 한 번 만들어봤어요.
감자보다 달콤한 맛이 더 강해 아이들이 정말 잘 먹어요.
대용량으로 만들어 냉동해두고 간식이나 아침식사 대용으로
하나씩 꺼내주기 좋은 메뉴랍니다.

8회분

60 min

재료

- 단호박 100g
- 밀가루 100g
- 버터 30g
- 계란 노른자 1개
- 우유 4큰술
- 베이킹파우더 1작은술

만드는 법

1 곱게 체친 밀가루와 베이킹파우더에 차가운 버터를 깍둑썰기 해 넣은 뒤 잘 섞어준다.

2 작게 썬 단호박을 전자레인지용 찜기에 넣고 5분간 돌려준다.

3 ①의 반죽에 ②와 우유를 넣고 섞어준다.

4 가루가 보이지 않을 정도로 반죽한 후 냉장고에서 30분간 휴지한다.

만드는 법

5 ④를 적당한 크기로 떼어내어 모양을 잡아준다.

6 반죽 위에 계란 노른자를 발라주고 에어프라이어에 넣어 180도로 약 15분간 굽는다.

TIP

- 밀가루와 버터는 반드시 손으로 비벼가며 반죽해주세요. 단, 반죽을 너무 오래하면 스콘이 딱딱해지니 주의해야 합니다.
- 버터가 차가운 상태로 반죽해야 스콘의 촉촉한 식감을 느낄 수 있습니다.
- 냉동 보관했다가 해동할 때는 1시간 전에 미리 꺼내 실온 해동 하거나 전자레인지 사용 또는 에어프라이어 160도에서 3분간 돌려줍니다.

메뉴 06

소고기고구마키쉬

프랑스식 달걀 요리인 키쉬는 여러 가지 속 재료를 넣을 수 있어요.
덕분에 속이 꽉 들어차 있어서 한 끼 식사나 간식으로 주기 너무 좋아요.

3~4회분

25 min

재료

- ☐ 고구마 1개
- ☐ 계란 1개
- ☐ 소고기 30g
- ☐ 브로콜리 20g
- ☐ 애호박 20g
- ☐ 느타리버섯 20g
- ☐ 쌀가루 1큰술

만드는 법

1 고구마를 전자레인지용 찜기에 넣고 5분간 돌려준다.

2 소고기와 브로콜리, 애호박, 버섯은 다지기로 잘 다져준다.

3 찐 고구마에 쌀가루를 넣고 잘 반죽한다.

4 ②에 계란 하나를 넣고 잘 섞어서 필링을 만든다.

5 ③의 반죽을 머핀틀에 두껍지 않게 발라준다.

6 ⑤에 ④를 넣고 에어프라이어에 160도로 약 15분간 구워준다.

TIP

- 완성된 키쉬는 냉동해 둔 뒤 한개씩 꺼내어 차려줄 수 있습니다.
- 고구마반죽은 고구마의 수분 함량에 따라 쌀가루 양을 조절해 줄 수 있습니다.

메뉴
07

고구마치즈랩

매번 똑같은 간식에 아이가 지겨워한다고요?
그렇다면 또띠아와 고구마를 활용해 조금 색다른 디저트에 도전해보세요.
그 어디서도 본 적 없는 고구마치즈랩 레시피, 지금 공개합니다.

3회분

30 min

재료

- [ ] 또띠아 3장
- [ ] 고구마 1개
- [ ] 슈레드치즈 30g

만드는 법

1 고구마를 작게 잘라 전자레인지용 찜기에 넣고 5분간 쪄준다.

2 전자레인지에서 고구마를 꺼내 뜨거울 때 잘 으깨준다.

3 또띠아 위에 으깬 고구마와 슈레드치즈를 올린다.

4 또띠아의 아랫부분과 옆부분을 순서대로 말아준다.

5 말린 부분을 아래로 두고 에어프라이어에 넣어 170도로 약 8분간 돌린다.

TIP

- 또띠아는 제일 작은 사이즈를 사용하세요. 속을 너무 많이 넣으면 터질 수 있습니다.

메뉴 08

고구마칩

시중에서 판매되는 고구마칩을 집에서도 충분히 만들 수 있어요.
다른 조미료 없이 올리브오일과 파슬리로만 향을 첨가해
더욱 건강하고 맛있는 고구마칩 레시피입니다.

3~4회분

30 min

재료

- [ ] 고구마 ½개
- [ ] 올리브오일 1큰술
- [ ] 파슬리 조금

만드는 법

1 고구마의 껍질을 벗긴 후 3mm 두께로 얇게 썰어준다.

2 ①을 차가운 물에 10분간 담가준다.

3 고구마의 물기를 제거한 후 올리브오일과 파슬리를 넣고 버무린다.

4 ③을 에어프라이어에 넣고 170도로 약 15분간 구워준다.

TIP

- 고구마를 너무 얇게 썰면 너무 딱딱하게 구워져서 목에 걸릴 수 있어요. 두께감 있게 썰어야 씹었을 때 안쪽이 촉촉하게 씹혀 더 맛있게 먹을 수 있습니다.

당근칩

간식으로 주기도 좋고 반찬으로 주기에도 좋은 당근칩입니다.
당근에 들어있는 풍부한 비타민을 오일과 함께 섭취하면
영양분 흡수가 더 높다는 점을 참고해 만들어봤어요.

3~4회분

15 min

재료

- 당근 1개
- 올리브오일 1큰술
- 파슬리 ½작은술
- 마늘 가루 ½작은술

만드는 법

1 당근의 껍질을 벗긴 후 얇게 잘라 준다.

2 얇게 자른 당근에 올리브오일과 마늘 가루, 파슬리를 넣고 잘 버무린다.

3 ②를 겹치지 않게 펼쳐서 깐 후 에어프라이어에 160도로 약 10분간 굽는다.

TIP

- 당근은 최대한 얇게 써는 것이 좋습니다. 그래야 더 바삭한 식감을 느낄 수 있어요.

메뉴
10

골드키위젤리

쫀득쫀득 맛있는 젤리를 골드키위로 만들어보세요.
골드키위 특유의 달콤새콤한 맛을 진하게 느낄 수 있어 정말 좋아요.

5~6회분

60 min

재료

- 골드키위 3개
- 판 젤라틴 3장

만드는 법

1 골드키위를 믹서기에 넣고 곱게 갈아준다.

2 ①을 체에 내려 씨를 제거해준다.

3 판 젤라틴은 차가운 물에 넣고 불려준다.

4 냄비에 골드키위를 넣고 끓이다가 불린 판 젤라틴을 더해 섞어준다.

5 준비한 실리콘 틀에 ④를 붓고 냉장고에 넣어 굳혀 마무리한다.

TIP

- 젤라틴 양에 따라 젤리의 굳기가 달라지니 더 탱글한 식감으로 만들고 싶을 때는 젤라틴 양을 늘려주세요.

메뉴 11

단호박오트밀쿠키

시판 과자보다 조금 더 건강하고 맛있는 간식을 아이에게 주고 싶나요?
단호박과 오트밀을 이용해 달콤한 쿠키를 만들어보세요.
만드는 법도 매우 쉬우니 한 번 도전해보세요!

3~4회분

30 min

재료

- [ ] 단호박 100g
- [ ] 아몬드 가루 50g
- [ ] 오트밀 40g
- [ ] 버터 10g
- [ ] 베이킹파우더 ½작은술

만드는 법

1 단호박을 전자레인지용 찜기에 넣고 5분간 쪄준다.

2 전자레인지에서 단호박을 꺼내 뜨거울 때 잘 으깨준 뒤 아몬드 가루, 오트밀, 버터, 베이킹파우더를 넣고 잘 섞어준다.

3 ②를 숟가락으로 한 스푼씩 떠서 모양을 잡아준 후 에어프라이어에 넣고 170도로 약 10분, 뒤집어서 5분 더 구워준다.

TIP

- 단호박은 물이 많아서 반죽이 약간 질어요. 손으로 모양을 잡는 것보다 스푼으로 떠서 올려놓는 게 모양 잡기 더 쉽습니다.
- 달달한 맛을 원하신다면 설탕을 약간 추가해 주세요.

메뉴 12

당근가지쿠키

아몬드 가루를 이용하면 손쉽게 고소한 쿠키를 만들 수 있어요.
저는 여기에 당근과 가지를 더해 조금 더 색다른 쿠키를 만들어봤어요.
당근을 싫어하는 아이도, 가지를 싫어하는 아이도 맛있게 먹을 수 있답니다.

3회분

45 min

재료

- ☐ 아몬드 가루 100g
- ☐ 가지 50g
- ☐ 당근 50g
- ☐ 버터 10g
- ☐ 계란 노른자 1개

만드는 법

1 가지를 잘게 다져 프라이팬에 넣고 수분이 다 날라갈 때까지 볶아준다.

2 아몬드 가루에 다진 당근과 볶은 가지, 계란 노른자, 녹인 버터를 넣고 잘 섞어준 후 냉장고에서 30분간 휴지한다.

3 ②를 동글납작한 쿠키 모양으로 반죽한 뒤 에어프라이어에 넣어 160도로 약 10분간 구워주면 완성!

TIP

- 반죽을 차게 식힌 후 구워줘야 좀 더 바삭한 쿠키를 만들 수 있습니다.
- 냉장고에서 30분 휴지 또는 냉동고에서 10분간 휴지한 뒤 구워주세요.

메뉴
13

당근쿠키

당근의 달콤한 맛을 최대한 끌어올려 쿠키로 만들어보았어요.
재료도 간단하고 만드는 법도 매우 쉽지만, 담백하고 맛있답니다.

1~2회분

30 min

재료

- ☐ 아몬드 가루 100g
- ☐ 당근 70g
- ☐ 버터 20g
- ☐ 계란 노른자 1개

만드는 법

1 당근을 다지기로 잘게 다져준다.

2 기름을 두른 팬에 당근을 넣고 잘 볶아준다.

3 적당히 녹인 버터에 ②를 넣고 아몬드 가루, 계란 노른자를 더한 뒤 골고루 반죽한다.

4 ③을 둥글고 납작한 모양으로 만든 뒤 에어프라이어에 160도로 약 10분간 구워준다.

TIP

- 버터를 녹일 때는 전자레인지에 20초 정도만 돌려주면 됩니다.

딸기요거트

너무 바빠 아이들 간식 만들어줄 틈조차 없을 때 강력 추천하는 레시피입니다.
단 5분이면 뚝딱 만들 수 있는 초간단 딸기요거트예요.

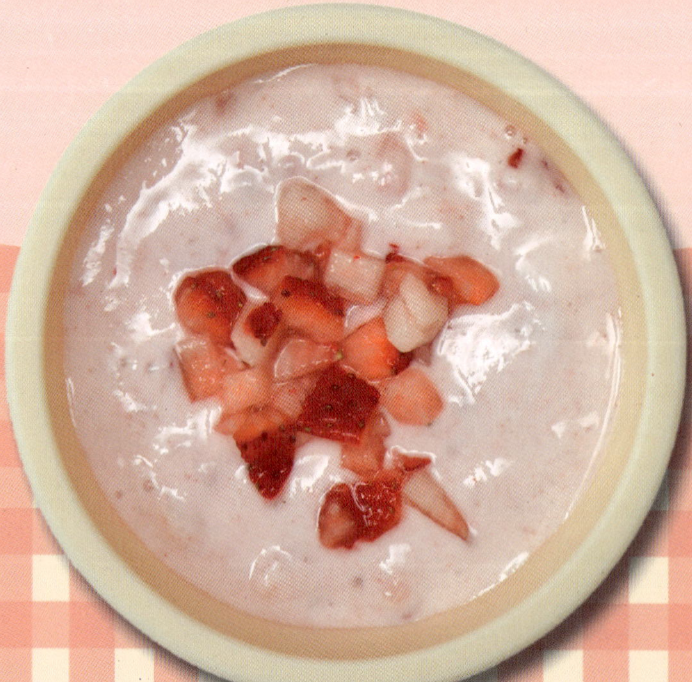

1회분

5 min

재료

- 딸기 2개
- 요거트 50g
- 딸기잼 1큰술

만드는 법

1 준비한 딸기를 잘게 다져준다.

2 요거트에 딸기잼과 다진 딸기를 넣고 섞어준다.

3 딸기요거트 위에 잘게 자른 딸기를 한 번 더 올려주면 끝!

TIP

- 62p에서 소개한 딸기잼을 이용했어요.
- 잘게 자른 딸기를 넣어주면 다양한 식감을 느낄 수 있습니다.

메뉴
15

딸기우유

집에서 직접 만든 딸기우유는 정말 맛있습니다.
생딸기를 그대로 넣었기 때문에 입 안 가득 신선하고 달콤한 맛이 퍼지죠.
아이가 맛있으니 더 달라고 떼를 쓸지도 모를 정도예요.

1회분

5 min

재료

- 딸기 50g
- 우유 250㎖
- 딸기잼 1큰술

만드는 법

1 딸기를 자른 뒤 우유, 딸기잼과 함께 믹서기에 넣고 곱게 간다.

2 ①을 컵에 담은 뒤 딸기 슬라이스를 올려 마무리한다.

TIP

- 62p에서 소개한 딸기잼을 이용했어요.
- 체에 딸기 씨를 한 번 걸러주면 조금 더 편하게 먹을 수 있어요.

망고오트밀볼

밥 대신 오트밀을 활용해 만든 볼이에요.
망고와 아가베시럽까지 더해서 무척 달달해 아이 간식으로 딱입니다.

3회분
15 min

재료

- [ ] 오트밀 50g
- [ ] 망고 50g
- [ ] 아가베시럽 1큰술

만드는 법

1 망고와 오트밀, 아가베시럽을 다지기에 넣고 곱게 다진 후 반죽한다.

2 반죽을 동그랗게 만들어 에어프라이어에 넣고 160도로 약 8분간 구워준다.

TIP

- 대량 생산해서 냉동 보관 할 수 있습니다.
- 해동할 때는 에어프라이어보다 전자레인지를 사용하는 것이 좋습니다. 그래야 조금 더 촉촉한 식감으로 먹을 수 있습니다.

메뉴 17

바나나오트밀볼

망고 대신 바나나를 넣어 오트밀볼을 만들어볼 차례입니다.
약간의 시나몬 가루를 더한 것은 풍미를 더욱 이끌어내기 위한 중요한 비법이에요.
한입에 쏙쏙 맛있게 먹을 수 있는 바나나오트밀볼, 함께 살펴볼까요?

3회분

15 min

재료

- [ ] 오트밀 50g
- [ ] 바나나 50g
- [ ] 시나몬 가루 조금

만드는 법

1 바나나와 오트밀, 시나몬 가루를 다지기에 넣고 곱게 다진 후 반죽한다.

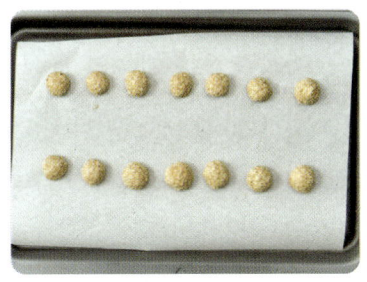

2 반죽을 동그랗게 만들어 에어프라이어에 넣고 160도로 약 8분간 구워준다.

TIP

- 대량 생산해서 냉동 보관 할 수 있습니다.
- 해동할 때는 에어프라이어보다 전자레인지를 사용하는 것이 좋습니다. 그래야 조금 더 촉촉한 식감으로 먹을 수 있습니다.
- 바나나는 껍질에 검은 반점이 생길 정도로 잘 익은 바나나를 사용하는 게 좋습니다. 그래야 더 달콤한 오트밀볼을 만들 수 있어요.

메뉴 18

망고요거트스무디

달달한 망고와 요거트의 만남은 그야말로 환상적인 맛을 자아냅니다.
무더운 날 시원하게 한 잔 먹으면 아이 얼굴에 금방 웃음꽃이 피어나요.
믹서기만 있으면 간단히 만들 수 있어서 더욱 좋답니다.

1~2회분

5 min

재료

- [ ] 망고 30g
- [ ] 요거트 30g
- [ ] 우유 100㎖

만드는 법

1 망고와 요거트, 우유를 필요한 만큼 꺼내둔다.

2 ①을 믹서기에 모두 넣고 곱게 갈아준다.

TIP

- 망고 양을 늘려서 꾸덕하게 만든 뒤 아이가 직접 숟가락으로 퍼먹을 수 있게 만들어줘도 좋습니다.
- 생망고를 사용하는 게 가장 좋지만 냉동 망고를 활용해도 괜찮습니다.

메뉴 19

망고젤리

아이들 간식의 단골 재료인 망고로 이번에는 젤리를 만들어보면 어떨까요?
판 젤라틴 2장만 있으면 너무나도 쉽고 간단하게 젤리를 만들 수 있답니다.

5~6회분

60 min

재료

- 망고 50g
- 판 젤라틴 2장

만드는 법

1 망고를 믹서기에 모두 넣고 곱게 갈아준다.

2 판 젤라틴은 차가운 물에 넣어 불려준다.

3 냄비에 ①을 넣고 끓이다가 불린 판 젤라틴을 넣고 섞어준다.

4 준비한 실리콘 틀에 반죽을 붓고 냉장고에 넣어 굳혀준다.

TIP

- 젤라틴 양에 따라 젤리의 굳기가 달라지니 더 탱글한 식감으로 만들고 싶을 때는 젤라틴 양을 늘려주세요.

메뉴 20

바나나브레드푸딩

집 나간 입맛도 다시 돌아오게 만드는 무적의 간식 레시피입니다.
바나나와 식빵을 이용해 만든 푸딩이 바로 그 주인공!
특별한 날을 위한 특식으로도 손색없는 바나나브레드푸딩을 함께 만들어 봐요!

3~4회분
20 min

재료

- ☐ 식빵 1장
- ☐ 계란 1개
- ☐ 바나나 1개
- ☐ 우유 100㎖
- ☐ 땅콩버터 1큰술

만드는 법

1 식빵은 작게 깍둑썰기 한다.

2 계란과 우유를 잘 섞어준다.

3 ②에 잘게 자른 바나나를 넣고 골고루 섞는다

4 준비한 머핀 틀에 식빵과 바나나 반죽을 차례대로 담은 후 에어프라이어에 170도로 약 10분간 구워준다.

TIP

- 식빵은 바나나 반죽과 섞어서 사용해도 좋습니다.
- 블루베리, 망고 등 여러 가지 과일을 넣어서 응용할 수 있어요.

메뉴 21

바나나땅콩브레드푸딩

바나나와 땅콩버터의 만남을 좋아하지 않을 아이가 과연 있을까요?
게다가 그 만남이 푸딩으로 탄생한다면 얘기는 끝났죠.
혀끝에 사르르 녹아드는 달콤한 맛에 온몸이 짜릿해질 레시피입니다.

3~4회분

20 min

재료

- 식빵 1장
- 계란 1개
- 바나나 1개
- 우유 100㎖
- 땅콩버터 1큰술

만드는 법

1 식빵은 작게 깍둑썰기 한다.

2 계란과 우유, 땅콩버터를 잘 섞어준다.

3 ②에 잘게 자른 바나나를 넣고 골고루 섞는다.

4 준비한 머핀 틀에 식빵과 바나나 반죽을 차례대로 담은 후 에어프라이어에 170도로 약 10분간 구워준다.

TIP

- 바나나는 껍질에 검은 반점이 생길 정도로 잘 익은 바나나를 사용하는 게 좋아요.
- 우유 양을 늘리면 조금 더 푸딩과 같은 몽글몽글한 식감을 만들 수 있습니다.

메뉴 22

바나나오트밀팬케이크

바나나와 밀가루, 오트밀을 반죽해서 만든 팬케이크입니다.
바나나의 달콤한 맛과 오트밀 특유의 고소한 맛이 어우러져
어른들 입맛에도 딱이에요!

3회분

20 min

재료

- 바나나 1개
- 밀가루 1컵
- 오트밀 ½컵
- 우유 ½컵
- 올리브오일 1큰술
- 베이킹파우더 ½큰술

만드는 법

1. 체에 곱게 거른 밀가루와 베이킹파우더에 나머지 재료를 모두 넣고 잘 섞어준다.

2. 버터를 두른 팬에 반죽을 올려 중약불에서 앞뒤로 2~3분간 구워주면 완성!

TIP

- 팬에 반죽을 올린 뒤 아랫면이 살짝 노릇해지면 뒤집어 주세요.

메뉴
23

바나나우유

아이들 중 일반 우유의 맛을 낯설어하고 이를 거부하는 경우가 종종 있어요. 그럴 때 바나나를 우유에 갈아주면 좋습니다. 달콤한 맛을 최대한으로 내기 위해 완전히 푹 익은 바나나를 사용하는 것이 포인트!

2회분

5 min

재료

- 바나나 1개
- 우유 1컵

만드는 법

1 껍질에 검은 반점이 생길 정도로 잘 익은 바나나를 준비한다.

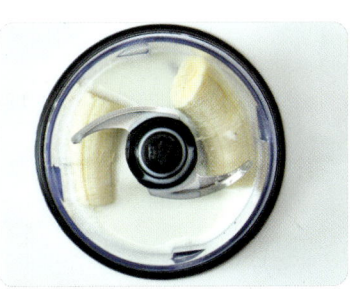

2 믹서에 분량의 우유와 바나나를 넣고 곱게 갈아준다.

TIP

- 바나나우유는 생우유를 낯설어하는 아이들에게 우유를 맛있게 먹일 수 있는 간식이에요.

바나나프렌치토스트

프렌치토스트는 아이들에게 좋은 간식이 될 수 있어요.
특히나 바나나까지 곁들이면 한 마디로 게임 끝!
남녀노소 누구나 사랑하는 바나나프렌치토스트를 지금 만들어봅시다!

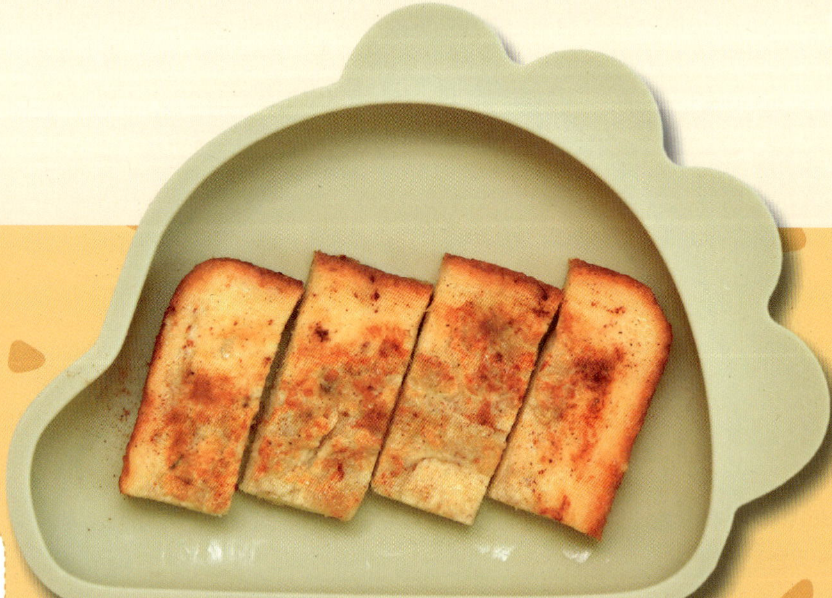

2회분

15 min

재료

- [ ] 식빵 1장
- [ ] 계란 1개
- [ ] 바나나 50g
- [ ] 우유 50㎖
- [ ] 버터 조금
- [ ] 시나몬 가루 조금

만드는 법

1 계란에 우유를 넣고 잘 섞어준다.

2 바나나를 포크 뒷면으로 잘 으깨서 ①과 섞어준다.

3 ②에 시나몬 가루를 넣고 골고루 섞는다.

4 식빵 앞뒤로 계란물을 잘 묻혀준 뒤 버터를 두른 팬에 구워주면 완성!

TIP

- 갈색 반점이 생길 정도로 잘 익은 바나나를 사용하면 달콤하고 맛있는 프렌치 토스트를 만들 수 있습니다.

브로콜리토트

아이가 한 손에 들고 맛있게 먹을 수 있는 간식이에요.
감자와 브로콜리를 주 재료로 사용해 영양도 가득 채웠죠.

4회분

30 min

재료

- ☐ 감자 1개
- ☐ 계란 1개
- ☐ 아기 치즈 2장
- ☐ 브로콜리 50g
- ☐ 아몬드 가루 30g
- ☐ 파슬리 조금
- ☐ 마늘 가루 조금

만드는 법

1 감자를 작게 잘라서 전자레인지용 찜기에 넣고 5분간 쪄준다.

2 브로콜리도 전자레인지용 찜기에 넣고 2분간 쪄준다.

3 전자레인지에서 감자를 꺼내 뜨거울 때 잘 으깨준다. 브로콜리는 다지기로 다진다.

4 으깬 감자에 다진 브로콜리와 아몬드 가루, 아기 치즈, 파슬리, 마늘 가루를 넣고 반죽한다.

5 아이가 한 손에 들고 먹기 좋은 크기로 떼어낸 뒤 에어프라이어에 넣어 170도로 약 12분간 구워준다.

TIP

- 반죽이 너무 질척하면 아몬드 가루를 넣어 농도를 조절 해 주세요.
- 삶은 감자는 뜨거울 때 으깨야 잘 으깨집니다.
- 70p에서 소개하는 아기용 비트토마토케첩과 함께 제공하면 더 맛있습니다.

메뉴 26

블루베리바나나머핀

손으로 꼭 쥐고 크게 한 입 먹을 수 있는 머핀입니다.
블루베리와 바나나를 넣어서 달콤함을 최대치로 끌어올렸어요.
한 번 만들 때 대량 생산 후 냉동해서 하나씩 간식으로 꺼내주면 좋아요.

4~5회분

25 min

재료

- [ ] 바나나 1개
- [ ] 계란 1개
- [ ] 밀가루 100g
- [ ] 블루베리 50g
- [ ] 버터 20g
- [ ] 베이킹파우더 ½큰술

만드는 법

1 밀가루와 베이킹파우더, 바나나, 계란, 버터를 큰 볼에 넣고 골고루 섞어준다.

2 ②에 블루베리를 넣은 후 깨지지 않게 살살 섞어준다.

3 준비한 머핀 틀에 반죽을 절반 정도 채운 뒤 에어프라이어에 170도로 약 20분간 굽는다.

TIP

- 껍질 표면에 갈색반점이 생길 정도로 잘 익은 바나나를 사용하면 더 달콤하고 맛있는 머핀을 만들 수 있어요.

메뉴
27

오버나이트오트밀

어른들 다이어트 음식으로도 많이 알려진 오버나이트오트밀!
어떤 과일을 넣느냐에 따라 달콤한 맛이 뒤따라오는 게 특징이에요.
저는 이번에 블루베리와 바나나를 조금 넣어봤습니다.

1회분

10 min

재료

- ☐ 오트밀 30g
- ☐ 우유 100㎖
- ☐ 블루베리 조금
- ☐ 바나나 조금

만드는 법

1 오트밀은 우유와 섞어 냉장고에 넣어 하룻밤 불려준다.

2 불린 오트밀 위에 잘게 썬 바나나, 블루베리를 올려주면 완성.

TIP

- 오트밀은 전날 밤 우유에 불려주면 아침식사로 차려주기 좋아요.
- 오트밀은 수분을 많이 흡수하기 때문에 불린 오트밀의 농도를 보면서 우유를 첨가해줍니다.
- 블루베리는 원형 그대로 제공하면 목에 걸릴 수 있으니 작게 잘라주는 게 좋습니다.
- 요거트, 과일퓌레 등을 첨가하면 더 맛있는 오버나이트오트밀을 즐길 수 있어요.

메뉴 28

블루베리오트밀요거트

심심하기 짝이 없는 오트밀요거트에 블루베리콩포트를 조금 넣어봤어요.
블루베리 본연의 맛을 가득 담은 콩포트가 매력적인 달콤함을 선사한답니다.
만들기도 쉬운데다가 포만감도 제법 느껴져서 아침식사 대용으로도 훌륭합니다!

1회분
10 min

재료

- [ ] 블루베리콩포트 30g
- [ ] 오트밀 30g
- [ ] 요거트 ½컵

만드는 법

1 요거트에 오트밀을 넣어 섞어준 후 냉장고에서 하룻밤 불려둔다.

2 ①에 블루베리콩포트를 넣고 섞어준다. 블루베리를 올려 마무리 한다.

TIP

- 84p에서 소개한 블루베리 콩포트를 사용합니다.
- 오트밀은 시간이 지나면 부피가 늘어나기 때문에 묽다 싶을 정도의 농도로 넣어주세요.
- 다음날 보았을 때 오트밀이 너무 뻑뻑하면 요거트나 우유를 조금 더 넣고 부드럽게 풀어줍니다.

메뉴 29

사과오트밀요거트

미리 만들어둔 아기용 사과잼으로 맛있는 디저트를 탄생시킬 수 있습니다.
그릭요거트까지 더해 더욱 다양한 맛을 즐길 수 있는 사과오트밀요거트입니다.

1회분

35 min

재료

- ☐ 오트밀 30g
- ☐ 사과잼 30g
- ☐ 그릭요거트 20g
- ☐ 우유 100㎖

만드는 법

1 오트밀을 우유와 섞은 뒤 냉장고에 넣어 30분 이상 불려준다.

2 불린 오트밀에 그릭요거트와 사과잼을 더해 섞어준다.

3 얇게 썬 사과를 ②에 올려주면서 마무리한다.

TIP

- 오트밀은 전날 밤 우유에 불려주면 아침식사로 차려주기 좋아요.
- 오트밀은 수분을 많이 흡수하기 때문에 불린 오트밀의 농도를 보면서 요거트를 첨가해줍니다.
- 사과잼 대신 사과퓌레를 사용할 수 있습니다.
- 그릭요거트와 우유 대신 플레인요거트를 활용할 수 있습니다.

비트바나나와플

주방 서랍장에 깊게 쑤셔 넣은 와플 기계가 있다면 지금 당장 꺼내 드세요.
비트와 바나나를 곱게 갈아 맛있는 와플을 만들 수 있으니까요!

2회분

30 min

재료

- ☐ 바나나 1개
- ☐ 비트 50g
- ☐ 밀가루 1컵
- ☐ 오트밀 ½컵
- ☐ 우유 ½컵
- ☐ 올리브오일 1큰술
- ☐ 베이킹파우더 ½큰술

만드는 법

1 비트를 얇게 썬 뒤 찜기에 올려 20분간 쪄준다.

2 밀가루와 오트밀, 우유, 올리브오일, 베이킹파우더, 으깬 바나나를 넣고 ①과 함께 잘 섞어준다.

3 ②를 믹서기에 넣고 곱게 갈아준다.

4 버터를 두른 와플 팬에 반죽을 올려 중약불에서 앞뒤로 2~3분씩 굽는다.

TIP

- 비트는 충분히 익혀줘야 하기 때문에 전자레인지용 찜기보다는 일반 찜기에서 조리하는 걸 추천합니다.
- 생비트 대신 이유식용 다진 비트를 사용해도 좋아요.
- 와플 팬이 없다면 프라이팬에 앞뒤로 구워 팬케이크로 만들어줄 수 있습니다.

메뉴 31

사과쿠키

고소한 아몬드 가루를 이용해서 담백하고 달콤한 사과쿠키를 구워보세요.
적당히 볼륨감이 있어 씹는 맛이 아주 매력적이랍니다.

4회분

20 min

재료

- ☐ 계란 1개
- ☐ 사과잼 50g
- ☐ 버터 10g
- ☐ 아몬드 가루 1컵

만드는 법

1 큰 볼에 아몬드 가루, 계란, 사과잼, 그리고 녹인 버터를 더한다.

2 재료들이 잘 섞일 수 있도록 골고루 반죽한다.

3 티스푼 등을 이용해 반죽을 동그랗게 떼어내 모양을 만든 뒤 에어프라이어에 넣고 160도로 약 12분간 구워준다.

TIP

- 64p에서 소개한 사과잼을 사용합니다.
- 버터를 녹일 때는 전자레인지에 20초 정도만 돌려주면 됩니다.

메뉴 32

블루베리요거트스무디

간단한 재료로 쉽고 맛있게 만들어 먹을 수 있는 메뉴입니다.
바쁜 아침, 속을 든든하게 해줄 식사로도 안성맞춤이지요.
아이들은 물론 어른들의 입맛까지 사로잡을 블루베리요거트스무디를 만들어봅시다!

1회분

5 min

재료

- [ ] 블루베리 50g
- [ ] 요거트 ¼컵
- [ ] 우유 100㎖

만드는 법

1 블루베리와 요거트, 우유를 준비한다.

2 믹서기에 모든 재료를 넣고 갈아준다.

TIP

- 블루베리 껍질이 목에 걸릴 수 있으니 체에 한 번 걸러주는 게 좋아요.

수박주스

한 여름의 무더위를 싹 날려버릴 시원한 수박주스 한 잔 어떠세요?
한 모금 마시는 것만으로도 행복한 기분을 느낄 수 있을 거예요.

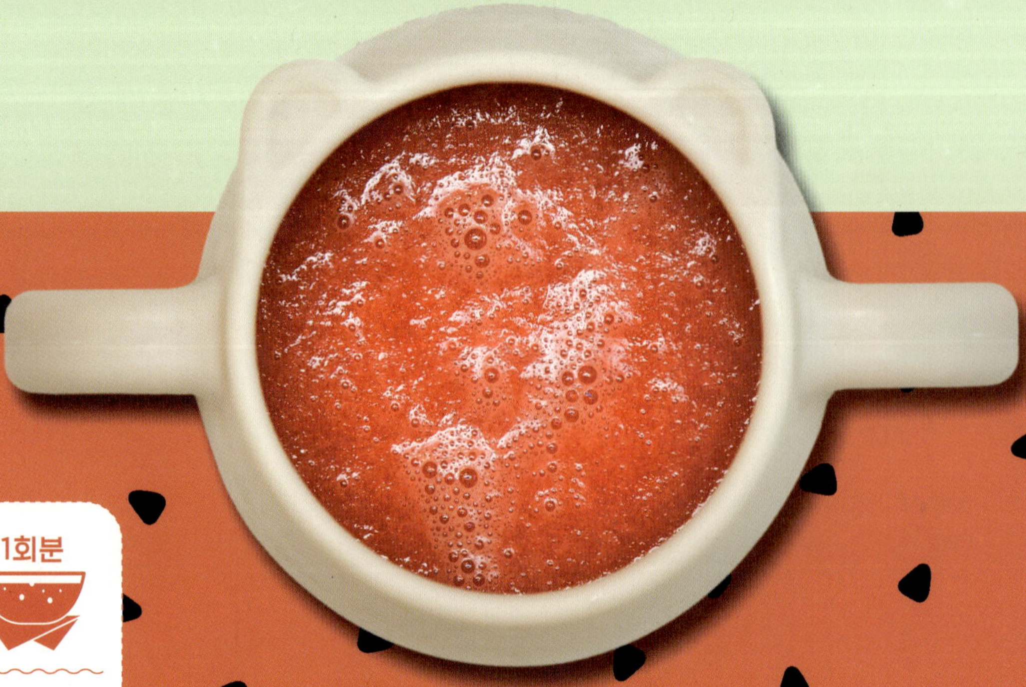

1회분
5 min

재료

- 수박 60g
- 물 2큰술

만드는 법

1 수박에 있는 씨를 다 빼준다.

2 씨를 뺀 수박과 물을 믹서기에 넣고 잘 갈아주면 완성!

TIP

- 아기 개월 수에 따라 수박을 갈아준 후 과육을 체에 걸러 맑은 주스와 수박 과육을 따로 제공할 수 있습니다.

참외주스

참외로도 주스를 만들 수 있다는 사실, 알고 계신가요?
워낙 수분이 많은 과일이라 갈아먹으면 더더욱 맛이 좋답니다.
온 가족이 즐겁게 먹을 수 있는 참외주스, 같이 만들어볼까요?

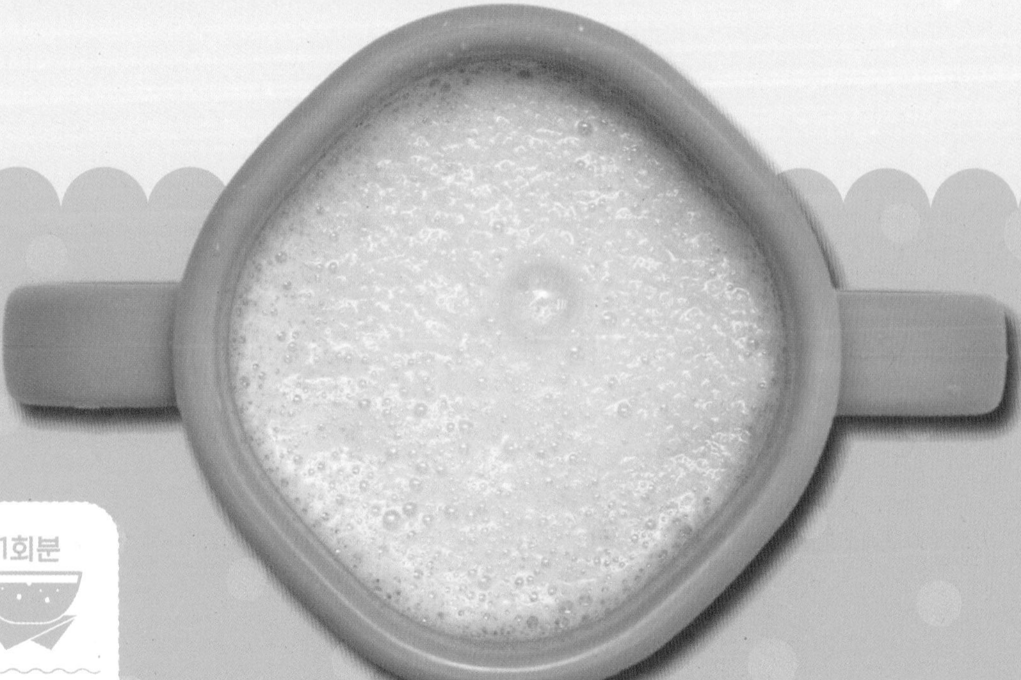

1회분
5 min

재료

- [ ] 참외 60g
- [ ] 물 20㎖

만드는 법

1 참외는 껍질은 깎고 씨를 제거한 후 작게 잘라준다.

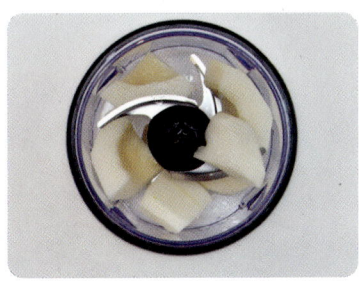

2 씨를 뺀 참외와 물을 믹서기에 넣고 잘 갈아주면 완성!

TIP

- 아기 개월 수에 따라 참외를 갈아준 후 과육을 체에 걸러 맑은 주스와 참외 과육을 따로 제공할 수 있습니다.

메뉴
35

애호박치즈토스트

애호박은 꽤 호불호가 갈리는 식재료 중 하나입니다.
우리 아이가 애호박의 제대로 된 맛을 즐기길 원한다면 이 레시피를 주목해보세요.
바쁜 아침에 든든한 식사로도 좋고 간식으로 주기에도 알맞아요.

2회분

15 min

재료

- [ ] 식빵 1장
- [ ] 계란 1개
- [ ] 아기 치즈 1장
- [ ] 애호박 30g

만드는 법

1 식빵 테두리를 제외한 가운데 부분을 숟가락으로 꾹꾹 눌러준다.

2 계란에 얇게 채 썬 애호박과 작게 자른 아기 치즈를 넣고 잘 섞어준다.

3 식빵 가운데 계란물을 부어준 뒤 에어프라이어에 넣고 160도로 약 8분간 구워준다.

TIP

- 애호박은 익으면 단맛이 더 올라오는 식재료예요. 하지만 너무 확 익으면 식감이 물렁해질 수 있으니 주의합니다.

웨지감자

웨지감자는 유아기 아이들의 든든한 간식으로 안성맞춤입니다.
단, 어른들이 먹는 것처럼 소금으로 간을 하는 것은 NO, NO, NO!
마늘 가루와 파슬리 가루로 향만 살짝 입히는 것이 핵심이에요.

3회분

30 min

재료

- [ ] 감자 1개
- [ ] 올리브오일 1큰술
- [ ] 마늘 가루 조금
- [ ] 파슬리 가루 조금

만드는 법

1 준비한 감자를 웨지 모양으로 8등분 해준다.

2 깨끗하게 씻은 감자에 올리브오일, 마늘 가루, 파슬리 가루를 넣고 잘 버무려준다.

3 ②를 에어프라이어 넣고 170도로 약 20분간 구워준다.

TIP

- 올리브오일 대신 버터를 사용하면 고소한 풍미가 올라갑니다.

짠짜니네 아이주도 이유식
ⓒ 이율미 2023

초판 1쇄 발행 2023년 9월 10일

지은이 이율미
펴낸이 박성인

책임편집 강하나
마케팅 김멜리띠나
경영관리 김일환
디자인 데시그 신정난
사진 이문희
협찬 모윰(www.moyuum.co.kr), 블루마마(www.bluemama.co.kr), 에디슨(www.edisoni.kr)

펴낸곳 허들링북스
출판등록 2020년 3월 27일 제2020-000036호
주소 서울시 강서구 공항대로 219, 3층 309-1호(마곡동, 센테니아)
전화 02-2668-9692 **팩스** 02-2668-9693
이메일 contents@huddlingbooks.com

ISBN 979-11-91505-33-7(13590)

* 이 책은 허들링북스가 저작권자와의 계약에 따라 발행한 것이므로 무단 전재와 무단 복제를 금지하며,
  이 책의 전부 또는 일부 내용을 이용하려면 반드시 저작권자와 허들링북스의 서면 동의를 받아야 합니다.
* 책값은 뒤표지에 있습니다.
* 파본은 구입하신 서점에서 교환해드립니다.